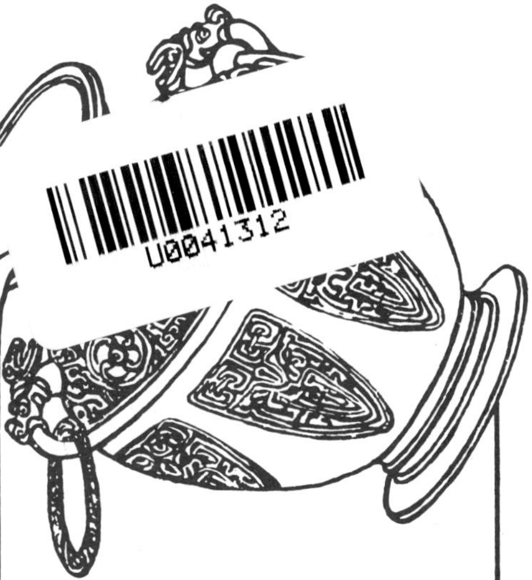

鹽鐵論

漢代財經大辯論

ISBN 957-13-1705-5

原著者簡介

鹽鐵論

西漢汝南人，字次公，生平研究公羊春秋最有心得，宣帝時舉為郎，官至盧江太守丞，學問淵博善寫文章；宣帝在位期間，他把昭帝時候有關鹽鐵政策的爭論記錄，整理增補，成為後來的鹽鐵論六十篇。

編撰者簡介

詹宏志

學歷：國立臺灣大學經濟學系畢業。

經歷：曾任編輯工作多年，現為專業文化產品行銷顧問。

著作：編、譯、著有《六十九年短篇小說選》（爾雅）、《大趨勢》（長河）、《經濟學家》（時報）、《兩種文學心靈》（皇冠）、《趨勢索隱》（遠流）、《創意人》（天下）等多種。

致讀者書

親愛的朋友們：

「鹽鐵論」是中國歷史上一部很特別的書。它記錄了一場兩千年以前的火辣大辯論，辯論的範圍很廣，但主要內容環繞在當時漢朝政府經濟、財政措施的反省與檢討，所以我們可以說，「鹽鐵論」是一部專論政治經濟學的書。這比近代西方經濟學的起點——亞當斯密的「國富論」——要早一千八百年。

更難得的是，如果以近代經濟學的知識回頭來看，「鹽鐵論」中所記錄的古代**中國人對經濟社會問題的抽象思考與具體意見，也有不少可與現代經濟理論相互參**

證的地方。

「鹽鐵論」的價値，自古就爲知識份子所肯定，將它列入學習經世濟民之道必讀的書，更公認是子書中的鉅著。然而，「鹽鐵論」對今日中國人的價値又有一層：一方面提醒我們經濟學本是環境的科學，從西方引進的知識未必完全適用，可能還要經過「民族化」的調整；另一方面則鼓勵我們重新整理先人解決經濟問題的思考與方法，把它系統化成爲中國人的經濟學。

這也正是收錄「鹽鐵論」在這套「中國歷代經典寶庫」的意義與理由。

青少年朋友在閱讀「鹽鐵論」之前，也許了解幾個觀念頗有用處：

第一、「鹽鐵論」記錄的是針對一些政治經濟問題的正反兩面意見，但鹽鐵大辯論本身是一個歷史事件，除了語言表面所呈現的意義之外，背後還有許多複雜的基礎，像權力鬥爭、思想派系、國際局勢與社會環境，都影響了發言者表達的內容和方式。所以，「鹽鐵論」時代的歷史背景値得加深一點了解。

第二、辯論雙方所採取的立場，也許在大方向上有較對的一方，但並不意味這一方所講的話都有道理。所以，在接受任何一方的說法之前，都應該自己反省一番。

「和親外交」的運用當中，還揉合了一部分經濟手腕，那就是所謂的「納幣」。遊牧民族侵擾農耕文化社會，本來就有經濟的因素，「掠奪」農業村落是遊牧民族取得物資的一種方式。

而匈奴，非常喜歡漢人社會的東西，絲質衣服、美酒、食物，無一不讓這些草原生長的人民羨愛不已。匈奴對漢社會物質的嚮往，已經不是生存的必要，而是「崇漢」的虛榮了。

和親政策也抓住匈奴這一點心理，隨伴著下嫁公主的，是豐富的嫁粧，每年固定地還贈送絲織品、酒食等禮品，讓匈奴不再有掠奪農耕社會軍事行動之必要。

漢朝當時人早已看出，匈奴掠奪所導致的社會損失，每年數以鉅萬，而和親納幣，花費不過千金。以極小的代價，換取長期的和平，眞是高明的智慧。

匈奴的侵擾當然不是就此消失，小規模的邊境衝突還是時有所聞，但基本上，大型的軍事化對抗戰爭很少發生，一共維持了六十七年的和平，其間和親的次數共有九次。

第三、把原文中對經濟問題的討論，一部分轉換成今日的經濟學用語，也許有助於比對古今思想智慧的共通發明之處。

第四、每節之後，加設「討論時間」，提供青少年朋友一些反省周圍環境的材料，一方面檢討古人之失，一方面也體會古人的了不起處。

這些努力，也絕不能使這本改寫的「鹽鐵論」足以替代原典，最多只是提高讀者閱讀原典的興趣而已。

這樣大膽的改寫，也可能使本書發生很多扭曲、錯謬、和強解的地方；我深知其不可免，只有請讀者原諒。

詹宏志

目錄

鹽鐵論
漢代財經大辯論

第一章 匈奴、商人、桑弘羊

——鹽鐵大辯論的歷史背景

草原出英雄

建立中國歷史上第一個集權帝國的秦始皇，在西元前二一〇年死於第二次更巡的途中，翌年，陳勝吳廣揭竿起義，反抗暴秦的革命很快地燃遍各地。

中國漢民族完全沒有察覺，就在這一年，西北方遙遠的草原上，產生了一位偉大的遊牧民族領袖，他，後來統一了北亞細亞的遊牧世界，更帶給漢民族將近一個世紀的威脅。

這位馬背上的英雄，我們稱他冒頓單于，冒頓是他的名字，單于則是匈奴語言中「大天子」的意思，用來稱呼他們的領袖。

冒頓的崛起很富傳奇性，他年輕的時候，不爲父親所喜；他的父親頭曼單于先把他送到月氏做人質，又與月氏展開戰鬥。月氏人正準備殺掉冒頓，不料年輕的冒頓機智勇敢，在最危險的關頭偸得一匹好馬，逃出月氏的囚禁，回到自己的部落。這個行動，贏得了他的父親與全體族人的欽佩，一致認爲他英雄了得，他的父親還讓他擔任將軍，指揮一萬騎兵。

冒頓的領導才能和英雄本色很快地就在帶領軍隊中顯露出來。他發明了一種叫「鳴鏑」的軍事器具，用來指揮攻擊目標；鳴鏑就是會叫的箭，箭一射出，飛行中發出嗚嗚的口哨聲。冒頓命令他的軍隊：「鳴鏑射向什麼目標，大家都向那個目標射箭，不遵守行動的人，砍頭。」

一開始，冒頓先帶著軍隊打獵，鳴鏑所射的鳥獸，部下都得跟著瞄準射箭，不射的人立刻遭到斬首處分。有一次，冒頓故意將鳴鏑射向自己的愛馬，左右部下有人不敢冒然射箭，立刻被砍了頭；又一次，冒頓把鳴鏑射向自己的愛妻，部屬有人頗爲疑懼，猶豫不敢射箭，冒頓也把他們斬了。這樣令出必行的訓練，帶給軍隊無比的震撼；不久，冒頓帶軍打獵，把鳴鏑射向他父親的愛馬，左右部下無人遲疑，紛紛彎弓射箭。——冒頓知道部隊已經絕對服從，時機也近成熟；最後一次，他趁其不意把鳴鏑射向自己的父親頭曼，立刻，萬箭驟發，把頭曼單于射成蜂窩。——冒頓自己，就篡位成爲新任匈奴單于。這一年，是西元前二〇九年，距今將近二千二百年。

後來的幾年之間，冒頓率領匈奴雄兵，東襲東胡（東胡是當時遊牧民族最強盛的一支），西擊月氏，南併樓煩、白羊河南王，建立起世界史上第一個遊牧民族大聯盟；所有部落，都聽冒頓單于的號令。冒頓的勢力範圍，東起興安嶺，西至天山地區，北迄南西伯利亞，南達長城地帶，手下的弓箭部隊多達三十多萬人。

這時，中國境內內戰未了，漢王劉邦與楚王項羽兩雄相持不下，漢民族無暇把眼光放到西北草原上的大風暴。

風勁角弓鳴

然而，遊牧民族在漢民族的邊境上的侵擾是存在已久的事實。基本上，中國漢民族是一個農業社會，而遊牧民族一直是農耕社會的大患。因爲，遊牧民族春夏逐水草而居，養牛飼馬，賴以維生，到了秋冬，糧草有時青黃不接，必須取自鄰近的農業社會。平時，所需物資可透過關市交易獲得；有些時候，遊牧民族卻寧可去「搶」（因爲掠奪是一種不花錢的貿易）。——這就造成古代遊牧民族和農業社會無休止的摩擦與衝突。

大部分的邊境衝突，都是小規模而個別獨立的行動；但當遊牧民族結合成強大的聯盟，遊牧領袖爲了顯示自己的勇武與權威，可能對外發動政治性或經濟性的大規模掠奪戰，而這種軍事化的行動才是漢民族眞正的生存威脅。

遊牧民族的武裝，以騎兵爲主；騎兵非馬不行，而馬喜歡寒冷乾燥的氣候，尤其是蒙古馬，到了秋天，全身馬毛都長好了，正是最生氣蓬勃的時節，我們說「秋高馬肥」，就是這個由來。遊牧民族的兵器是弓箭，弓用膠質製成，稱爲「角弓」，秋冬天寒，角弓變硬，射箭能遠，成爲利害的武器。

到了秋冬之際，遊牧民族食糧不足而武裝完備；而漢民族的農村，秋收冬藏，物資豐美，正準備過年節呢。這個對比的時刻，部分遊牧民族的部落不免有覬覦之心，乃趁著月色，在荒遠漫長的萬里長城中選一個缺口長驅直入，攻擊散處的和平農村，大肆刼掠一番；等到邊防救兵趕到，遊牧騎兵早已滿載遠颺，不知去向了。

因此，當匈奴冒頓單于崛起於草原，以其雄才大略完成了北亞細亞的統一領導，與南方的漢民族形成兩大帝國的對立，這兩種文化的衝突就不免要成為正面而全面的對抗了。

那個時候，中國漢民族的內戰剛剛結束，劉邦贏得最後勝利，建立了漢朝。長期的戰爭早已破壞了原有的社會秩序，壯丁在沙場上傷亡了許多，經濟生產也還沒有恢復，政治上的矛盾也沒有完全消弭；而人民，渴望休息與和平，一切都等待整頓復興。

然而塞外的匈奴，冒頓單于已經完成了遊牧民族的統一，武力的強盛到達了巔峯，充滿了躍躍欲試的雄心。

第一次漢與匈奴的大衝突終於爆發了！

西元前二〇〇年，也就是距今二千一百八十年以前，劉邦統一中國的第三年，漢朝的守邊大將韓王信叛變投匈奴，高祖劉邦親率大軍前往討伐，冒頓單于則引匈奴騎兵南下助韓王信，兩千年前的兩位曠世英雄就在山西省境內對上了。

冒頓單于以他遊牧民族對地形特有的敏銳，佯敗退卻，誘使劉邦率領先鋒部隊向北推進，深入敵境；漢軍前進到平城附近，突然間，匈奴騎兵像潮水一樣洶湧而至，切斷漢軍的主力援應，把漢高祖和他的親衞軍水桶一般地團團圍住，大風雪中困在山上七天，險些落在冒頓手裡。

在最危急的時刻，劉邦的謀士陳平用計賄賂冒頓的妻子，在包圍圈中鬆開一角，故意放劉邦突圍而出，這位漢朝的開國君王才得以活命脫逃歸國。

結親求和平

平城之圍對漢朝政府而言，是一次無比凶險的恐怖經驗；他們發現，匈奴冒頓單于遠強過開國期間的其他對手。劉邦乃接受劉敬的意見，對匈奴採取「和親」的外交手段，以求互不交戰的和平。

和親政策的設計人，的確是一位了解遊牧民族心理與習俗的傑出外交家。因爲，在部族聯盟式的遊牧國家裏，聯姻是一種重要的政治維繫力量；部族與部族之間，相互通婚，代表了親善、信任與友誼。

漢高祖以宗室公主嫁給冒頓單于，表示敵對的時代已過，兩國從此和平共處。匈奴顯然也接受了這項友誼的表達，此後大致和平共存了六十多年。

「和親外交」的運用當中，還揉合了一部分經濟手腕，那就是所謂的「納幣」。遊牧民族侵擾農耕文化社會，本來就有經濟的因素，「掠奪」農業村落是遊牧民族取得物資的一種方式。

而匈奴，非常喜歡漢人社會的東西，絲質衣服、美酒、食物，無一不讓這些草原生長的人民羨愛不已。匈奴對漢社會物質的嚮往，已經不是生存的必要，而是「崇漢」的虛榮了。

和親政策也抓住匈奴這一點心理，隨件著下嫁公主的，是豐富的嫁粧，每年固定地還贈送絲織品、酒食等禮品，讓匈奴不再有掠奪農耕社會軍事行動之必要。

漢朝當時人早已看出，匈奴掠奪所導致的社會損失，每年數以鉅萬，而和親納幣，花費不過千金。以極小的代價，換取長期的和平，眞是高明的智慧。

匈奴的侵擾當然不是就此消失，小規模的邊境衝突還是時有所聞，但基本上，大型的軍事化對抗戰爭很少發生，一共維持了六十七年的和平，其間和親的次數共有九次。

漢帝國反撲

到了西元前一四一年，漢代另一位英雄君主漢武帝即位。漢武帝名叫劉徹，是一個性格剛強、驕傲自負的人，他的出現，使漢民族與匈奴的關係進入另一階段。

「和親」政策本身，原來是不含屈辱的意思；即使以匈奴來說，被扣留在匈奴境內的漢使節如蘇武、張騫等，或投降匈奴的漢朝將領如李廣利、李陵等，都曾經娶匈奴婦女爲妻，其中也有娶單于女兒的，可見匈奴並不以和親爲屈辱漢朝之意。

但匈奴確曾侮辱過漢朝，呂后攝政的時候，冒頓單于曾經寫了一封輕佻的信調戲她，令部分大臣憤慨激動。經過一番爭論，最後還是記取「平城之圍」的教訓，含辱忍讓，不但回了一封很客氣的信，更送了不少禮物。

在和親政策的期間，匈奴多次不守締和之誼，常常侵犯邊境，漢政府雖然忍辱求全，但朝臣中已有強烈漢民族意識的主張。一位政論家賈誼，就曾經上書漢文帝說：「匈奴的人口，不過只抵得上漢帝國的一大縣；以漢帝國全國的眾多人口，飽受一縣人口之匈奴的威脅，眞是主管當局的恥辱啊！」

這種民族意識的高漲，到了漢武帝時，已漸漸壓過理性保守的穩健派，包括漢武帝劉徹自己，都是主張「雪恥」的人。

另一方面，漢民族的戰爭條件也不相同了。可以這麼說，在那個時代裏，對匈奴的戰爭條件包含三項：「財力」、「戰馬」和「人才」。這三個條件在漢朝初期都是非常欠缺的；以財力來說，經過秦的暴政與漢初的內戰，早已使中國的經濟活動殘破不堪，壯丁從軍去打仗，老弱則負責軍糧的運輸，沒有勞力從事生產；漢朝建立之後，國家的財力還困乏得很，連皇帝的馬車都不能用同色的馬匹，做宰相的、當將軍的也有坐牛車上朝的，老百姓沒有多餘的東西可以儲藏。這樣的財力，要應付戰爭中武器、糧食等需要，顯然是不夠的。

匈奴的軍隊全部是騎兵，行動快速，來去飄忽，加上塞外地形廣漠，如無馬匹，軍隊移動的速度就太慢了，不能掌握主動的攻擊權。漢朝的軍隊本以步兵爲主，開國內戰期間，馬匹更少了，當將軍宰相的不見得有馬可騎，馬一匹價格高達一百兩金子。然而，沒有戰馬是不足以談與匈奴交戰的。

到了漢武帝的時候，漢民族社會經過七十年的和平休養，生產漸漸恢復正常，整個國家累積了不少財富。根據歷史的記載，漢武帝時，國庫存藏的錢數以億計，長久沒有動用，錢幣都銹蝕得無法數算了；而首都的官府倉庫堆滿了成熟的稻穀，舊的來不及吃完，新的糧食又堆進來了，堆呀堆著，糧食甚至滿到倉庫之外，積存太久的稻穀也因爲發霉腐壞，不能再吃了。

馬匹則因爲政府提倡飼養而迅速增加，民間和官方養馬的風氣都很盛，大小街巷都看得到馬，田裏頭和田埂旁，馬匹成羣漫步是常見的景象；馬匹的數量可說是驚人了，光是政府飼養的官馬就多達四十萬匹。

在「人才」方面，漢朝初期，將領們很少有塞外作戰的經驗，對塞外的地形與匈奴的戰術都很陌生。到了漢武帝時，政府很努力吸收匈奴人的歸附，給投降的匈奴人很高的官位；在漢武帝即位最初廿年間，因功勛封侯的卅二人當中，有十八位是來歸的匈奴人。這些匈奴人的加入，幫助漢人深入了解匈奴用兵的技巧與習性，同時也成爲塞外地形的最佳嚮導。在漢人裏頭，也出現外交人才如張騫之流和軍事人才如衞青、霍去病之流，他們共同完成了漢帝國的武功事績。

這時候，漢帝國在主觀上充滿了高昂的民族意識，客觀上則「財力、戰馬、人才」樣樣俱備，漢武帝的大反撲行動乃就此展開了！

馬邑誘匈奴

西元前一三三年，年輕而氣盛的漢武帝滿廿四歲。不久之前，武帝在南方邊境的用兵和宣撫，剛獲得很大的成功；廿四歲的他，對自己的能力與政策有了更大的自信，對於匈奴問題，他，愈來愈想創新局面，愈來愈不願再接受老朝臣保守的意見。

這年，漢武帝召開了一個御前會議，會中他說：「我也將宗族公主嫁給了單于，也送給他們很多的錢財絲帛；但是匈奴單于傲慢而不守信用，常常在邊境入侵掠奪，邊境的居民屢屢受到驚恐。我很可憐這些百姓，想出兵攻打匈奴，諸位認為怎麼樣？」

一位名叫王恢的將軍，河北人，在邊境任吏多次，對匈奴事務頗有了解，他首先發言：「陛下雖然還沒有任命征伐匈奴的將領，我是老早就願意為此事效命。從前像代國那樣的小國家，北邊防備匈奴，還能保全小國獨立，百姓安居樂業，糧食無缺，匈奴不敢隨便去騷擾它。今漢民族海內統一，各地都臣服陛下的聲威，又有邊防部隊守在邊境要塞，但匈奴還是不斷地侵擾。這沒有別的原因，因爲我們從未採取強硬態度，匈奴沒把我們看在眼裏。所以，我認爲我們應該出兵攻擊。」

穩健派的御史大夫韓安國立刻反駁說：「我不贊成。高祖那樣的開國英雄，尚且在平城被圍，匈奴所到之處，馬鞍堆起來就有幾座城那麼高；漢軍在平城七天沒有東西吃，人民還把當時窘困的情形編成歌。然而高祖脫圍回國之後，並沒憤恨報復之心；因爲聖人爲天下百姓而考慮，不以一己私怒使天下百姓受苦受難；高祖正因此才派劉敬帶黃金千斤，與匈奴結和親之盟。孝文皇帝曾經聚集全國精英部隊於廣武常谿，想與匈奴一決勝負，後來無功而退，而全國百姓都憂心忡忡，恐懼戰爭的來臨。孝文皇帝才覺悟到用兵不可長久，乃再締和親之約。這二位先聖的行爲正足以爲我們效法，我以爲不要舉兵爲宜。」

主戰的王恢將軍並不服氣，又發言道：「我不贊成這種說法。三皇五帝彼此的禮和樂各不相同，不是故意要與前人相反，而是每個時代有每個時代的需要。高祖開國之時，自己也穿盔甲拿武器，南征北伐，風吹雨打，霜沐雪洗，風塵僕僕數十年，不報平城之仇，絕非力不能，而是爲了安撫久戰疲憊的天下人之心。現在的局面不同了，邊境居民不斷受到驚恐，邊防士兵常常受攻擊而傷亡，中國陣亡軍士的棺車在路上一輛跟著一輛，有仁德的人怎能不痛心呢？所以，我以爲一定要舉兵才行。」

御史大夫韓安國說：「我不贊成這個道理。古時候的君王，決定一件事必然祭祖廟，發佈一個命令則問先例，這是因爲他們重視經驗和教訓。方法不是不能變革，然而新方法如果不比舊方法有很大利益的話，不宜採用。從三代以來，夷狄就在文化圈外，並不是用武不能制服他們，而是古人以爲，遠方荒地的野蠻民族，不足以勞煩中國動兵而已。而匈奴軍隊，行動迅速性格強悍，來時像狂風，去時像閃電，以畜牧射獵維生，居住的地方不定，很難馴服。如果我們使邊疆的生產事業都停頓下來，全力去對抗外族，實在得不償失。所以，我以爲不宜舉兵。」

王恢說：「我不贊成這種說法。凡事要把握機會，當年的秦穆公定都於雍，地方只有三百里，但他很能把握時機，攻打西戎，吞併隴西、北地等十四個小國家，增加領土千里以上。後來秦始皇更派蒙恬攻打匈奴，開拓領土數千里，使匈奴不敢在黃河邊上讓馬喝水。今天中國的強盛，比秦穆公時候強萬倍以上，拿百分之一的力量來攻打匈奴，就好像強弓射將爛的癰一樣，一舉可以把匈奴打跑。所以，我以爲舉兵才是對的。」

御史大夫韓安國仍然不願放棄他的想法，他說：「我不贊成。用兵的人應該以逸待勞，有充分準備，而不輕易行動。更何況，強風吹到末了，連羽毛也吹不動，飛箭射到末了，連薄布也射不穿。如果我們輕易舉兵，長驅深入塞外，推進得快則糧食援濟不上，推進得慢則沒有攻擊力，走不到一千里，人馬的糧食都成問題，不正是兵法上說的：『把自己送給人俘虜』嗎？提議出兵的人有什麼巧妙的計策，我是不知道；要不然，我看不出深入敵境有什麼好處。所以，我以爲不宜舉兵。」

討論到這裏，胸中早有計策的王恢將軍臉上露出微笑，說：「我所說的舉兵攻擊，不是發軍深入敵境。」

漢武帝忍不住問道：「那是什麼呢？」

王恢說：「根據單于的慾望引誘他，把匈奴軍隊引到邊境，我選精英騎兵預先埋伏，單于一入，立刻成擒。」

這正說中了漢武帝想開戰的心理，武帝不禁拍手大叫：「好極了！」

於是，王恢受命著手準備。

他找來一位邊境馬邑縣的土著，名叫聶壹，聶壹一向是專與匈奴做走私買賣的人。

聶壹假裝投降匈奴，對單于說：「我有辦法殺掉馬邑縣官，你要是能接管，全城的財物都是你的。」

單于想到滿城的漢族財物，眼睛發紅了；他相信聶壹的話，帶領騎兵十萬，穿過長城武州塞南下。

匈奴單于一路向馬邑城前進，對他的處境渾然不覺，漢軍隊有三十萬人正埋伏在附近的山谷中。

但單于漸漸覺得不對勁，因爲原野上有很多成羣的牛、馬、羊，但沒看見放牧者。在距離馬邑縣百里之外，單于抓到一個漢人，漢人一害怕，把計謀供出來了。單于大吃一驚，說：「我早就覺得有問題。」立刻率軍回頭，迅速退出塞外。漢軍的計劃失敗，主戰派的王恢也因此而死。

八次大遠征

馬邑事件，是漢帝國平城之役後第一次主動計劃的軍事報復行動，事雖不成，但漢與匈奴的和平結束了，進入了全面戰爭的時代。

北方邊境綿連數千里，沒有天然防線，遊牧民族的軍隊又流動不定，漢民族儘管有幾十萬邊防勁旅，也是防不勝防。

武帝深深明白，和親絕裂，戰爭既不可免，只有採取攻勢主義。採取主動攻擊，也不是容易的事。第一、北地荒漠，軍隊開拔必須自備糧食，運輸不便，也增加行軍被從後截斷的危險性；第二、糧食携帶不易，軍隊出擊就必須在短時間迅速擊潰匈奴的主力；第三、在寒冷的天候中，橫跨沙漠尋找匈奴部隊，如果沒有靈敏的情報，也可能在空蕩荒涼的原野上長途跋涉，不見一人一騎；第四、有時漢民族一支軍隊，在荒無人煙的草原上，突然撞見匈奴主力大軍，必須立刻列陣迎戰，以寡敵眾，備極凶險。

雖然漢帝國攻擊匈奴有很多困難，但在雄厚的國力支持之下，以及漢武帝個人強烈的報復意志，漢帝國在西元前一二九年至西元前一一九年，十一年間，發動了八次大遠征。

第一次，在馬邑事件後第五年秋天，漢武帝命四將軍分四路出擊，其中公孫賀出雲中，不見敵踪而返；公孫敖出代郡，李廣出雁門，兩軍都被匈奴打敗；只有衞青率領的軍隊，斬敵首七百，小勝一場。整體而言，漢帝國第一次遠征行動是輸了。

第二次，西元前一二八年，武帝又命打過一場勝仗的年輕將軍衞青，再度領軍出擊，大軍三萬從雁門關出長城，殺了匈奴幾千人，但並沒有遇到匈奴的主力。

第三次，西元前一二七年，衞青再奉命領軍從山西雲中出長城，到甘肅隴西折轉，攻擊匈奴的樓煩王和白羊王，殺敵數千，匈奴倉皇撤離，留下牛羊百餘萬頭，全爲漢軍虜獲。這一次，漢帝國把匈奴勢力逐出河套鄂爾多斯區域，建朔方郡，算是漢民族自秦末以來對匈奴作戰的首次大勝利。

第四次，西元前一二四年春天，衞青率十餘萬大軍，自新建的朔方郡出擊，直攻匈奴右賢王（右賢王是匈奴單于之下，第三高位的領導人物）；右賢王認爲漢軍不可能在短時間到得了遠北荒漠，夜晚喝酒大醉，不料，漢軍快速行軍，出塞六七百里，黑夜中突然包圍了右賢王。右賢王夢中驚醒，倉皇逃走，善戰的騎兵部屬也隨後遁逃。漢帝國的部隊仍然虜獲右賢王的部下一萬五千人，匈奴的小官十幾人。衞青再度獲得空前的大勝利。

第五次，西元前一二三年夏天，漢武帝再派衞青領十餘萬大軍，從定襄出數百里擊匈奴，兩軍展開草原會戰；結果，漢軍殺敵一萬九千多人，損失兩名將軍、騎兵三千多人。這一場戰爭，雙方傷亡都很慘烈，算是打成平手。

第六次，西元前一二一年春天，漢武帝改派青年將軍霍去病率領一萬騎兵，從甘肅省出擊，越過焉支山千餘里，一路攻打匈奴的部隊，得敵人首級八千餘，並虜獲匈奴人祭天的銅製大神像。這是以寡擊眾的輝煌戰績。

第七次，西元前一二一年夏，驃騎將軍霍去病再度出征，從甘肅隴西出軍，行二千里，過居延，攻打祁連山的匈奴，殺敵三萬餘人，俘虜匈奴小王十餘人。這一仗打得匈奴元氣大傷，匈奴人對焉支山和祁連山兩地的喪失，更是傷心不已，族民流傳一首歌：

亡我祁連山
使我六畜不蕃息
失我焉支山
使我婦女無顏色

聲調歌詞均極悲涼。

但漢民族並不罷休，第八次，西元前一一九年，漢武帝發動了最大規模的遠征軍。這一次，衞青與霍去病同時出發，率領騎兵共十萬，勤務運輸部隊十餘萬，轉運糧食的軍旅還不算在內。衞青從定襄出塞，霍去病從代郡出塞，兩人相約越過沙漠擊匈奴。匈奴單于獲得情報，以精兵守在沙漠北端；衞青的軍隊推進到北方，正遇單于部隊，兩軍在沙漠上展開大會戰。戰到日落時分，漢軍分成左右兩翼包圍單于，這時沙漠突然刮起狂風，飛砂走石，敵我難辨。單于自忖戰不過漢軍，乃獨自率精壯騎兵數百人突破漢軍包圍，向西北方逃遁。

天色已暗，漢軍連夜追捕單于不得，斬了匈奴一萬九千人，率軍隊返國。

同一個時候，霍去病出代郡兩千多里，與匈奴左賢王交戰，匈奴大輸潰敗，死七萬餘人，左賢王逃走。

從此以後，匈奴退出戈壁以北，漢南的單于庭也撤走了，意味著匈奴的勢力再也無法在靠近長城的地方活躍了。

費錢的戰爭

八次大遠征之後，漢武帝並沒有停止對匈奴的討伐；但幾次出兵，匈奴都有意避開漢軍，在大漠中與漢朝部隊捉迷藏，令漢軍無功而退。西元前一〇四年至一〇二年，武帝又命李廣利將軍伐大宛求善馬；西元前一〇三年至九〇年，武帝更多次下令出兵擊匈奴，但大都因爲地理上的阻隔而失敗了。

從漢武帝廿四歲到六十七歲，幾乎年年對匈奴作戰，國家長期地陷在戰爭裏。這個情形，影響了整個漢帝國的社會經濟，也左右了漢政府的財政政策。也就是說，要了解漢朝的經濟面貌與經濟思想，對漢帝國的基本課題「匈奴」，是不能沒有認識的。

漢武帝對匈奴的征伐，事實上是一種極爲花錢的戰爭。一方面，漢民族的軍隊出塞攻擊，必須自己攜帶糧食，不像遊牧民族南侵，可以到處掠奪，就地覓糧；而在那交通不便的沙漠裏，轉運糧食是一件成本很高的工作，史記上說：「千里負擔饋糧，率十餘鍾致一石。」（千里運送軍糧，花六七十石才能送到目的地一石）。

另一方面，養馬也很花錢。在黃河流域，或長江流域，氣候較爲溫濕，不適合大批戰馬的養護。漢朝人就曾算過，一匹馬的養飼相當於一般家庭六口的糧食，還要有一位壯丁不事別的生產專門看護它。

實際作戰的時候，軍費就更驚人了。武器、盔甲、旗幟、軍餉、運輸，都需要大量的花費。打完仗後，有功勞的給賞賜，一賞就花掉黃金幾十萬斤。漢民族既然與匈奴決裂，平日不出兵攻擊，也得在邊境上佈下幾十萬的邊防部隊；這些部隊平日的衣食、築城作工事的費用，都要花很多錢。戰爭打勝了，國家領土擴充了；又必須移民實邊，建立邊疆新城市。這也是花錢的事。戰爭打敗了，邊疆居民受到災難，必須由國家出面救濟，以安撫民心。這又是花錢的事。

在戰爭裏頭，沒有一件事不花錢，即使是勝利的一方，代價也是很大的。武帝的時候，長期地陷入戰爭；國家每年的花費不斷的增加，國庫根本支應不了。因此，國家財政的唯一目標，就是籌措戰費。為了這些財政手段的立案與實施，漢武帝不得不把人才的擢用，擴展到過去帝王不曾考慮的階層——商人。

商人的時代

中國漢民族的商業起源很早，殷商以前，就有「市場」存在。市場一開始，是一種定期的集會，各地百姓帶來自己剩餘的稻米布匹，彼此交換。後來才產生專業商人，向某些人買進東西賣給另一些人，做為交易的媒介，從中取十分之一的利潤。

在那個時候，商人還只是一種服務業；眞正民生必需品或有獨佔利益的產品，商人還沒有介入。

在封建時代，所有的土地全屬國家公有，一部分以井田制度的方式開放給平民耕種，稱爲耕地；一部分不開放的（大部分是山林池澤）叫做禁地。土地歸由受封的貴族統治，禁地也由貴族派人管理，禁地中的生產都歸貴族所有。

有一些無業游民偶而偷入禁地，盜林伐木，偷捕池魚，更有大規模的燒鹽冶鐵的違禁生產，這些行爲都是犯法的，侵害了貴族的利益。這種人在春秋時被稱爲「盜賊」。

一開始，貴族對盜賊採取派軍征剿的方式，後來剿不勝剿，乾脆派人駐守山林入口，抽徵這些人賺來的錢。所謂「征商」，本來是征伐的意思，後來就變成征稅了。

民間的自由工商業，事實就是「盜賊」轉變而來，所以封建時代認爲商業是不正當的事業，商人也是沒有格調的人。

但畢竟商業的利益太高了，法令歧視無法阻止人民從商的意願。中國上古時候，民間就流傳一句諺語：

「以貧求富，農不如工，工不如商，刺繡文不如倚市門。」

（窮人要變有錢人，耕農不如做工，做工不如經商，在家刺繡做手工不如去擺地攤。）

到了戰國時代，貴族崩潰了，戰亂中一批批闖入禁地生產經營的人都成了大有錢人。

同時，在戰亂當中，生活必需品的生產很不穩定，一些囤積居奇的資本家也發了不少「戰爭財」。

不論其聚財的原因如何，總之戰國之後，工商業大大的發達了，大都市也因而興起，如齊國的臨淄，就有廿萬戶人家，人口恐怕在百萬以上。

這期間，產生了不少大商人，主要是眼明手快的鹽商和鐵商，還有一些買進賣出的大貿易商。歷史上也記載了幾個人，其中最有成就的當屬白圭。

白圭是一位貿易商，對戰亂時局的變幻很能掌握先機；稻穀豐收時，他以賤價買進；戰爭一起，他以高價賣出，成爲巨富。在性格上，白圭能夠吃簡單的飯菜、穿普通的衣服、忍耐自己的物質慾望，和工作的職員奴僕同甘共苦，做生意時孤注一擲，行動決斷像猛獸老鷹一樣迅速凶猛。白圭曾經描述自己的經營哲學，他說：「我做生意，好像伊尹、呂尚爲國設謀略一樣，又好像孫吳運用兵法、商鞅改革法令一樣；如果，一個人的智慧不能針對情況而應變，勇氣不能在要緊處下決心，性格上不能該要的要、該棄的棄，意志上不能長期忍耐堅苦，就是想學我做生意的方法，也學不來呀！」

白圭甚至被奉爲「商業之祖」。

到了秦代，秦始皇本身是很實際的人，重視實力，因此對農人與商人兩方並重。秦始皇早期以呂不韋爲相國，呂不韋是商人的兒子，他的政策也頗重商業。秦始皇開創的很多制度，不少是爲了商業交易的便利與安全而設的，諸如統一度量衡，改革貨幣等都是。

秦代大商人中，烏氏倮大量畜牧，成爲大富，秦始皇對待他如封君；四川省有一寡婦名清，開丹砂礦（丹砂，是一種礦物，成分爲一硫化汞 HgS，爲提煉水銀的原料，中國人古代又以它爲顏料），成爲巨富，秦始皇爲她築一紀念臺。秦始皇對大商人的禮遇，對中國古代從商者是一大鼓勵。

到了漢初，商人的地位又被排斥了。

漢高祖統一全國之後，命令商人不可穿絲質衣服，不可乘坐馬車，對商人課征很重的稅；又規定商人的子孫不可以做官。

漢朝政府爲什麼歧視商人呢？推測起來，可能有幾個原因：

第一、農業社會與商業社會基本上是兩個立場不同的組織類型，農人辛勤耕種，按季節遵時間，長期間的勞動才獲得溫飽的收穫；商人不然，商人注重機會，反應迅速，且夕之間取得利益。農業社會與商業社會發展出來的是兩種不同的道德規範與行爲準則，兩者之間彼此衝突，形成矛盾。漢朝立國，基本上還是重農的思想，相對的就要壓抑商人了。

第二、愈是在混亂的時代，商人愈有賺錢的機會；秦末豪傑並起，內戰不停，許多商人乘機囤積轉運，大發國難之財。漢統一後，對商人有極壞的印象。漢政府對商人的另一個壞印象，來自戰爭中的經驗，漢高祖劉邦打天下的時候，曾經以金錢收買一些商人出身的秦朝將軍，因而認定商人都是見利忘義的。

第三、商業上容易獲利的商品是奢侈品，然而奢侈品的買賣往往造成貧富不均的表面化，容易發生社會問題，故農業社會的政府爲了政治上的安定，必須抑制商人的發展。

儘管漢朝政府歧視商人，制定法令限制商人的行爲，使商人成爲社會上次等人；然而，商業的高利潤仍然吸引許多人的加入，商人的活動，也日益龐大而重要。

商人以得到的利益錢財，形成另一種勢力，漢政府的禁令，漸漸也限制不了商人。漢文帝時有一位讀書人鼂錯，曾經描述商人以金錢形成勢力的情形，他說：

「大商人以其雄厚的資金放高利貸，小商人則開店鋪擺地攤，拿著賺來的錢，每日在市街花天酒地，國家有難的時候，賣的東西更加倍上漲。所以商人家裏，男人不耕田、女人不養蠶；衣服五顏六色，吃飯則大魚大肉；不必像農夫一樣辛勞工作，卻有極高的收入。因爲他們有錢，可以和王族貴戶來往，勢力比一般官員還大，以金錢利益彼此結合。這些商人千里外相互來往，非常頻繁；自己則坐好車，騎肥馬，身穿好布料，腳踏絲織鞋，奢華之極。這就是商人能夠吞併農人的土地，農人不得不到處流浪的原因了。」

鼂錯因而下結論說：

「目前法律雖然歧視商人，但商人已經富貴了；法律獎勵農夫，農人卻貧賤了。」

到了漢武帝的時候，漢帝國與匈奴連年作戰，戰費難以籌措；武帝不得不起用商人來做官，以商人特有的經營才能為國家取得財源。——這樣一來，商人從有錢到有權，商人的時代就來臨了。

興利之臣起

在古代中國政府裏頭，官員的來源有三種：一是貴族，可能是皇帝的親戚或其他受封的諸侯，他們的地位父傳子、子傳孫；二是軍人，他們常常是與開國帝王共同革命起家的；三是士，士參加考試通過而成為政府官員。

這三種人當中，貴族是因為血統而擁有權力，軍人則因為懂國防、有武功而擁有權力，士則因為讀書，懂得文化、懂得修身、齊家、治國、平天下的道理，而被賦與管理政治的權力。

但到了漢武帝，為了籌措國家所需的龐大開支，起用了新的人才，他們的才能與懂軍事的軍人、懂政治的讀書人都不相同，他們的專長是財政與經濟。

這些人，司馬遷的「史記」稱他們是「興利之臣」（爲政府賺錢的官員）。興利之臣出現的時候，大致上是漢武帝用王恢的計謀，在馬邑埋伏誘匈奴之後；因爲匈奴與漢帝國斷絕和親，騷擾北方邊境。漢政府年年用兵，戰爭愈演愈烈，國家的錢財幾乎都花光了。這時，這種專門爲國家訂經濟政策，籌措國家經費的官員，就出現了。

在「興利之臣」當中，比較重要的是張湯、東郭咸陽、孔僅、桑弘羊四人，除了張湯以外，其他三人都是商人出身。這中間，又以桑弘羊這個人最有名也最重要，他的思想與政策影響了漢武帝的晚年，他的政策施行的結果更影響了整個漢代。

桑弘羊，據推測，生在西元前一五二年，洛陽人，父親是商人。自周朝到漢朝，洛陽都是商業發達的地方；洛陽人擅長做生意是有名的，「史記」說：

「洛陽人的風氣，喜歡從事生產事業，致力於工商業，爲追求百分之廿的利潤而努力。」

「漢書」的「地理志」也說洛陽人「喜歡當商人，不喜歡做官」。

有名的大商人白圭，就是洛陽人。

桑弘羊生長在商業城市，又是商人的兒子，從小耳濡目染，對商業經營的原理原則，頗多領會；加上他天資聰明，很有心機，十三歲就當了「侍中」的官（侍中是一種附屬的官，職務是其他重要官員的祕書或特別助理）。他對社會經濟的分析非常有見地，頗受漢武帝的欣賞。

桑弘羊等「興利之臣」爲漢武帝所用之後，他們不斷提出各種可以增加國家收入的方法。在當時，國家本來的收入主要來自田賦（農田的稅）；漢朝開國，劉邦以減少田賦爲號召，受到百姓的歡迎與擁護，到了文帝時，又把田賦減半，只收田產收入的卅分之一（稅率三・三%），更曾經全免田賦達十一年；漢武帝時，田賦是十五分之一（稅率六・六%），但輕田賦已經成爲漢代的政治傳統，每一位皇帝即使有財政急需，也不能打田賦的主意。因此，這一批興利之臣，就以他們對經濟手段的了解，以及發明創造的能力，開發了許多政府財源的方向，這一系列，可以稱爲「新財政政策」。

新財政政策

桑弘羊與其他興利之臣，在武帝時施行了一系列的新財政政策，這一系列政策的共同特色，就是「爲國家爭取財源」，含有很濃厚的商業色彩。這些財政政策，主要包括下列數項：

第一、商人資本財課稅　「減輕田賦」是漢代的政治傳統，也是漢朝政府受人民擁戴的一大號召，所以漢代皇帝始終不敢增重田賦的課徵。漢武帝也一樣，不管政府財政如何拮据，也不能打田賦的主意；但是，漢武帝卻增加了幾種田賦以外的新稅目，其中最重要的，是對商業工業的財產與貨物課稅，稱爲「緡算」（緡，可以解釋爲資本的意思）。

西元前一二九年，漢武帝首次對商人營業用的車子、船隻課稅，但推行並不徹底。後來，行政官員向漢武帝建議說：

「以前對自用車與商人財產課稅的執行都有偏差，請陛下下令徹底辦理。所有經商的人、開工廠的人、放款收利息的人、以及在城市裏買進賣出、囤積貨物販賣營利的人，即使沒有固定店面，都要將財產貨物自行估價申報，繳納緡錢；繳納的比例是每二千錢納稅一算，約合一百廿錢，稅率約爲六%。從事工藝的人，他的設備與貨物則是每四千錢納稅一算。另外，一般人的自用車每輛納稅一算，商人的營業用車每輛納稅二算。船隻長五丈以上每船納稅一算。如果隱匿財產不申報，或申報不實，一經發現送往邊疆充軍一年，財產沒收。」

漢武帝接受了建議，「緡算」從此全力推行，成爲一大財政收入。

此外，漢政府對經營畜牧業者，也有「牲畜稅」的施行，根據業者擁有的馬牛羊的價值加以估算，每值一千錢納稅廿錢，稅率約合二%。

第二、鹽鐵官賣　食鹽和鐵器，是農業社會兩種不可或缺的必需品。鹽生產在海邊或是有井鹽、池鹽的地方；鐵礦則常常藏於深山。鹽水、鐵砂搬運都不容易，製鹽、冶鐵的工廠通常就設在原料產地附近。在戰國時代以後，山林池澤等禁地開放了，民間百姓佔山據地，煮鹽煉鐵，建立起民間的大規模私人企業。

鹽和鐵這兩種產業，一方面利潤很高，一方面需要很多的人力和資本，所以很容易形成大企業，成功的經營者更往往成爲豪富。歷史上記載了不少經營鹽鐵有成就的大富翁，例如一位宛孔氏，在南陽一帶創立大冶鐵工廠，成爲與諸侯王平起平坐的富商；四川有一位卓氏，被秦朝政府放逐到四川臨邛一帶偏遠地區，他卻就山開鐵礦，建冶鐵工廠，成爲巨富，家裏的佣人就有千人。在製鹽工業方面，魯人猗頓、齊人刁間都以煮鹽起家，賺錢數千萬，富可敵國。這些企業家都是戰國末期到漢朝初期的人物。

在漢武帝之前，民間還可以自由從事鹽鐵兩項產業，只按一般商業申報課稅。這個放任政策漸漸發生弊端，一是許多冶鐵煮鹽的商人因此成爲巨富，造成社會上嚴重的貧富不均；一是地方諸侯也從事鹽鐵產業大獲鉅利，實力可與中央政府對抗，增加政治上的危機。當時，已有一些政論家針對這些現象提出強烈的批評。

到了西元前一二〇年，正是漢武帝發動第八次大遠征的前一年，華北平原發生大水災，農作物損失極慘，許多老百姓無飯可吃；皇帝乃派使者到各地方政府，把地方政府倉庫的存糧統統提出來救濟災民。但災民太多，傾盡地方存糧還不夠；又發動民間有錢人募捐款項以救急，但有錢人對出錢救災的反應並不熱心。最後，不得不把災民遷到首都附近，一部分則移民到邊疆新城市，七十多萬災民的衣食，全由中央政府提供，花費以億計，政府的財政因而拮据不堪。

那些靠製鹽煉鐵發大財的商人，在平時衣食豐足，財大勢粗，連地方諸侯在錢財上都要仰賴他們；但當國家有難的時候，大商人又不肯貢獻力量，反而趁機囤積居奇，搞得物價飛漲，百姓更苦。

經過大水災的教訓，漢朝政府有意檢討問題的癥結，乃任命東郭咸陽、孔僅兩人爲大農丞，管理鹽鐵政策。東郭咸陽本是煮鹽業鉅子，孔僅則是煉鐵業富商，後來才做了官，對鹽鐵工業很有了解；他們兩人深入研究對策之後，向政府提出建議：

「山上的礦藏，海底的物資，都是天地之間寶藏，論道理應該屬於皇帝所有；陛下您不願私用，撥給中央政府做國家經費，那就應該屬於國家，所以，鹽鐵兩業應改爲公營事業。我們建議，在鹽業方面，向人民招募資本，由政府提供煮鹽設備，官方並負擔工人薪資，統一管理經營。

當然，那些既得利益份子想繼續保有鹽鐵的利益，一定會提出很多反對的意見。我們建議，這個辦法一定要嚴格執行，敢私自鑄鐵器煮鹽的人，割左腳姆指，並沒收設備。地方郡國不產鐵的，只設立小鐵官，歸所在的縣政府轄管。」

漢武帝接受了東郭咸陽和孔僅的意見，下令將全國鹽業、鐵業收歸國有，成立專責機構，吸收原來的鹽鐵商人成爲鹽鐵官員。從此，鹽與鐵完全屬於官賣，漢朝政府因而增加一項極爲廣大的財源。

到了桑弘羊代替郭僅出任大農丞時，鹽鐵官賣更是普及；全國共設鹽官三十七，分佈區域包括廿六郡，鐵官則有四十八，分佈區域包括三十八郡。

第三、均輸與平準　西元前一一五年，桑弘羊被漢武帝任命為大農丞，掌管政府各種會計事項，權力更為增大。

當時，各地方郡國每年都要向皇帝獻上一定數量的土產與物資，以供養皇室與中央政府官員的生活所需；桑弘羊認為，各地方諸侯把物資獻到首都，運輸頗為麻煩，尤其是偏遠地方，貨物經過長久時日的輾轉運送，常常已經變壞不堪用了，有時運費的支出甚至遠超過貨物本身的價值。因此，桑弘羊建議，在各地方設置運輸機構，一方面彼此援力運送貢物，另一方面則讓偏遠地區改以貢物代金繳給官方，官方再在京師附近採購，交給皇室，這個制度稱為「均輸」。

這個制度有什麼好處呢？

在商業還未充分發達的社會裡，政府需要各地貢輸實物（稻米、布匹等），支應皇室與中央政府官員的生活需要。政府也常常以實物發給官員當做薪水，官員的待遇常以「五百石」、「八百石」、「一千石」來表示，就是這個由來。現代經濟學裡，把這種制度稱為「實物給付」（Pay in kinds）。政府官員與貴族在拿到實物給付的薪水之後，通常留下一部分自己食用，大部分則賣出去。在首都附近，因爲官員、貴族太多了，大家都要把多餘的稻米賣出去，所以首都附近的糧價特別低。有一句話說：

「遠方有倍蓰之輸，中都有半價之鬻。」（遠地爲了貢輸物資給政府，花了四、五倍的代價，首都附近却有打五折的價格。）就是指責這個現象的不合理。

桑弘羊提出「均輸」這個制度，執行三種工作任務：第一、在運輸不方便的地方，設立均輸官，把人民應繳貢的實物折合成現金，再帶現金到首都附近購買實物，繳給中央。第二、在靠近首都的地方，仍然以實物運往中央政府繳納。第三、鹽鐵官賣制度，均輸官也擔任把鹽鐵輸出輸入的工作。

「均輸」的設立，本意是讓偏遠地區的貢者方便，並使官方有利（因爲首都附近物價低廉）。

這個時候，均輸官只設在部分地區，並不是普遍設立。

「均輸」制度實行不久，就發現有兩個漏洞：第一、在各地收取實物代金的均輸官，都在首都附近購買實物，而且時間幾乎相同；在諸官搶購的情況下，首都附近的物價高漲起來。均輸制度的原意，是將實物貢輸在各地以「時價」折算成現金，再到首都附近買「半價」的東西，不料，首都物價飛漲，官方不但無利可圖反有損失。第二、在各地負責輸運實物的均輸官，由於路途遙遠，常常運費高過所輸實物的價值。

到了西元前一〇九年，桑弘羊已陞任大司農（主管國家財政的最高官職），他看到均輸制度的缺失，乃進一步加以修正。首先，他加強均輸官的設立，使各地普遍都由均輸官來管理貢輸之事。在距首都遙遠的地方，均輸官仍然收受人民繳納的實物代金，但折算方式稍有改變；原來的折算方法是「平其所在時價」（以當地當時一般物價爲準），新辦法則規定，以全年最高零售價格爲準，目的是避免均輸官在首都附近購買時遭受物價上漲的風險。另外，仍以實物貢輸的地區，則改由民間負責運輸，均輸官只負督導之責；民間把應納的實物運到鄰縣，再由鄰縣接運，一直運到京師。

爲了使均輸制度充分發揮功能，桑弘羊又發明一種制度與之配合，那就是所謂的「平準」。

「均輸」的基本用意是要使「輸者便」而「官有利」，但是這個想法往往被「物價波動」破壞了。一方面，偏遠地區農民繳納實物代金時，必須出售穀物、布匹換取貨幣，商人趁機挑難，價格大跌，農民爲取得金錢有時得付出更多的實物，等於是賦稅加倍了；另一方面，均輸官收了實物代金之後，在首都附近購買實物，同時間的搶購加上商人惜售，價格大漲，均輸官收到的代金只能買到較少的東西，等於國家賦稅收入減少了。這一漲一跌之間，農民負擔加重；國家收入卻減少，極爲得不償失。

爲了對抗隨著「均輸」而來的物價波動，桑弘羊乃設計了一套「公開市場操作」的制度，稱爲「平準」。平準的方法是在首都設立一個專責機構，把均輸收來的代金和實物都集中在一起。當首都物價上漲時，平準官就把官府中的實物賣出去，市面東西一多，物價就漲不起來；當首都物價下跌時，平準官就拿錢到市面上大肆收購，購買需求增加，物價就跌不下去。這樣的市場操作，可使物價保持平穩，物價短暫變動的利益也歸於政府，不致於爲富商大賈囤積居奇所乘。

平準制度設立之後，均輸收進來的金錢和貨物都歸財政機關統管；政府又製車輛器具，統一買賣貨物，負擔穩定首都附近物價的責任。從此，桑弘羊成爲全國權力最大的政府官員。

第四、統一貨幣鑄造　西元前一一二年，漢武帝政府下令禁止各地方郡國鑄造錢幣，所有的錢幣鑄造發行工作都歸「上林三官」（三官是均輸、鍾官、銅官，是直屬中央政府的三個財政機關），三官發行的錢幣數量多了之後，漢武帝又下令非三官鑄造的錢幣不准使用，原來各地方郡國鑄造的錢幣都收回銷毀，把熔解的銅都交給三官。

在漢武帝之前，政府並沒有獨佔鑄幣的權利。有時准許人民自由鑄造，有時又禁止民鑄錢幣。因爲法令時常變更，貨幣的種類很複雜，貨幣的品質也混淆不清，產生很多弊病。在漢文帝的時候，名政論家賈誼就曾經批評「自由鑄幣」的政策，他指出：

①漢文帝既然容許人民自由鑄幣，又規定鑄幣不可摻雜鉛鐵，違者處「黥刑」（黥刑就是在臉上刺上字，用墨塗黑，讓人家一看就知道是犯過罪的人）。而人民鑄幣如果不偷工減料，根本無利可圖，但稍稍偷工減料摻點鉛鐵，獲利却極豐；這種法令本身就引誘人民犯罪，不合立法的原理。

②這種不合法的法令，導致錢幣紊亂不堪，奸詐詭巧防不勝防；而鑄錢獲利驚人，人民趨之若鶩，農業荒廢不少；地方郡國如果擁有生產銅的礦藏，靠近山開鑄錢工廠，大獲暴利，變得比中央政府還有錢，增加政治上的不安定。（後來吳國諸

侯就是以鑄幣發了大財，起來叛逆漢朝政府，鬧了好一陣子）。

③所以賈誼主張，要解決幣制的漏洞，必須採取兩個手段：一方面制立統一的貨幣，另一方面則把鑄幣的原料銅收歸國有，不准流通。

賈誼這個統一貨幣鑄造權於中央的建議，在文帝時沒被採納，到了武帝的時候，桑弘羊却使它實現了。當時三官所鑄的錢稱爲「五銖錢」，是一種法定的貨幣，「五銖錢」的重量、形式，後來成爲中國各個朝代鑄幣所模仿的標準。

第五、酒的專賣　西元前九十八年，桑弘羊又提出一項增加財政收入的政策，那就是禁止民間私自釀酒販賣，改由政府設立機關，實施酒的專賣。因爲酒的利潤很高，桑弘羊希望由政府獨得賣酒的利益，也避免民間賣酒者獲致暴利，才採取這個政策。酒的專賣政策替政府賺進不少錢，但比起均輸、鹽鐵等，重要性就低一點了。

第六、賣官贖罪　漢朝政府很早就有以「賣爵」增加國家收入的制度，所謂「爵」，本來是封建社會貴族身份的專稱，後來成爲中央政府分封的身份。漢朝的「爵」共分二十級，沒有爵的身份是不能做官的；爵的級層不夠高也不能當官，但只要有爵之身份，就可以免除傜賦（傜賦就是一年之中要替政府做幾天的勞力工作，築城、修路、開湖池都是可能的工作）。「爵」除了免徭役以外，一旦犯了罪，還可以減輕罪刑。二十級的爵各有名稱，第一級叫「公士」，第二級叫「上造」，第三級「簪裊」，第四級「不更」，第五級「大夫」，第六級「官大夫」，第七級「公大夫」，第八級「公乘」，第九級「五大夫」，第十級「左庶長」，第十一級「右庶長」，第十二級「左更」，第十三級「中更」，第十四級「右更」，第十五級「少上造」，第十六級「大上造」，第十七級「駟車庶長」，第十八級「大庶長」，第十九級「關內侯」，第廿級「徹侯」，級數愈高，爵位愈高。

漢文帝的時候，匈奴在北方邊境時常侵擾，調防邊境的軍隊大增。漢朝政府拿不出那麼多米養邊防軍隊，於是下令，老百姓如果能樂捐米糧並運輸到邊境的人，可以拜爵，輸六百石米可封「上造」，輸四千石米可封「五大夫」，輸一萬二千石可封「大庶長」，但只能封到大庶長爲止。（按照當時漢朝的米價，約爲一石一百錢，所以買一個「上造」爵要花六萬錢，買一個「大庶長」爵要花一百廿萬錢）。

這就是漢文帝時官方賣爵的制度。

在漢文帝之前，漢惠帝時，則有買爵免罪的制度；老百姓犯了死罪，可以花錢買爵三十級，以免死罪。當時買爵一級多少錢很難查證，但推估起來或許是一級兩萬錢，那就是說，判死刑的人可以花六十萬錢買回一條性命。

到了漢武帝的時候，爲了吸引更多人花錢買爵，又設新的爵位，叫做「武官爵」；武官爵分十一級，前八級可以花錢來買，也差不多是一級兩萬錢，買武官爵至第五級的人，可以有機會正式做官。

老百姓爲什麼願意花錢買爵呢？最主要是爲了免除徭役，當時因爲戰爭迭起，徭役更重，如果花錢買爵，免去徭役，還是划算。尤其是第九級爵「五大夫」和第七級武功爵「千夫」兩種爵位特別暢銷，因爲這兩級爵以上，可以終身免役，老百姓買這種爵，等於是把一生應納的徭賦，一次付清以免麻煩而已。

官方賣爵、賣官、贖罪，常常是一種臨時的財政措施，每當國庫拮据的時候，就下令賣爵，以很短的時間收進大筆現金，也算是很重要的財政收入，但並不是桑弘羊財經政策中的重要規劃。

以上六種新財政政策，都是武帝時候重要的籌措戰費的手段，在桑弘羊及其他「興利之臣」的管理之下，政府像一個大商店，一切政策都以「賺錢」爲考慮，雖然受到很多爭議，但這些手段對有效取得財政收入，却是非常成功。桑弘羊這種理財的手段，歷史上曾有一句評語說：

「民不益賦而天下用饒」（意思是：老百姓沒有增加田租的繳納，政府的財政支出欲很夠用）。就可以看出這些新財政政策的特色與成績。

民間的疾苦

因爲對匈奴的長期作戰，以桑弘羊爲代表的「興利之臣」興起了。漢武帝採用這些興利之臣的財政政策，果然大量地增加了國庫的收入，使漢朝政府的收支得以維持平衡。所謂「兵行卅餘年，百姓不加賦而軍用給」（軍隊作戰三十多年，老百姓沒有增加田賦的課徵，國防經費卻還足夠），就是指桑弘羊財政政策的偉大成就。

然而，老百姓眞的沒有增加負擔嗎？

有一句話說「天下沒有白吃的午餐」，它的意思是，任何事情都有一定的代價，也許表面上看不出來，但羊毛出在羊身上，代價會以其他的形式付出。

「天下沒有白吃的午餐」這句話，用來觀察漢朝政府財政政策的效果與反應，特別顯得貼切。

在漢武帝的時候，一般農民的田賦雖然沒有增加，但人頭稅增加了；均輸制度施行的結果，把物價波動的風險轉嫁在農民身上，農民負擔又增加了；鹽鐵專賣的結果，由於公營事業的效率不彰，農民的基本生活費用也增加了；賣爵免徭制度施行的結果，有錢人不負擔勞力，一般農民的徭賦反而增加了；凡此種種，都可以看到，桑弘羊爲國家開闢財源，基本上還是從老百姓身上得來，雖然不是用田賦的形式，但百姓負擔增重的結果是一樣的。

桑弘羊的財政政策擾民的情形不只一端，譬如「課征資本稅」（算緡）這個政策，要求老百姓自己估算呈報，爲了防止人民匿財不報或申報不實，官方乃鼓勵人民告密。如果有人申報不實經告密查獲，政府立刻沒收申報人全部的家產，而告密的人可以得到一半的酬庸獎金。

這種鼓勵告密的制度，給一些無恥小人極大的發財和害人的機會；而政府以沒收商人產業爲重要的財政收入，一經告密，不論眞假，很少有獲得平反的可能。這個制度施行之後，全國盛行告密，中等家庭以上，大多曾被密告過，老百姓極受困擾。

就均輸平準制度來說，偏遠地區農民不納實物改繳現金，農民必須出售稻穀以換現金，商人趁機挑難，穀物價格低廉，對一般農民傷害很大，負擔等於比實物貢輸還重。平準制度本意是要平抑物價，貴賣賤買，物價得到調節不致暴漲暴跌，但實施的結果，一方面是從事公開市場操作的官員不見得掌握到商機，也不見得有負責的勇氣，往往買貴賣賤，對物價的波動干擾更甚；加上部分不肖官吏與大商人勾結，共同擾亂物價，從中牟利。物價既然波動得厲害，百姓的生活就更苦了。

再就鹽鐵專賣的政策來說，鹽鐵專賣的本意是國家可以增加收入，又可以消滅壟斷鹽鐵的大財團，防止社會過度的貧富不均。然而實施的結果，由於官營事業的效率差，鹽鐵的生產成本提高，東西反而貴了；又由於鐵器的獨家專賣，沒有競爭，產品的品質更低劣了。這兩項民生必需品的高價格與低品質，都使老百姓增添很多痛苦，有些老百姓甚至不得不「淡食木耕」（吃不加鹽的食物，用木製的農具來耕種）。

財政政策的施行不當固然擾民爲烈，而財政政策所形成的社會制度對一般老百姓更是不公。

桑弘羊的財政政策很重要的特質，是以國家的力量從事商業化的經營，使商業利益成爲政府的收入。純商人的集團雖然因此受到了打擊，但官吏階級欲代之而起成爲新的商業勢力。本來商人是壟斷的團體，後來却變成桑弘羊自己以及所屬的大小官吏。而這些官吏，則有不少是商人轉變而來。一方面是原來鹽鐵商人，當政府實施鹽鐵專賣時，就吸收這些鐵商鹽商爲鹽鐵官；另一方面則是透過買官買爵的途徑，商人以金錢取得官吏的身分與地位。

商人變成官吏之後，實質仍不脫商人的本性，他們兼併土地，放高利貸，以權力掩護經營，形成壟斷財富的新集團。

而一般的農民老百姓生活如何呢？根據戰國末期的人對農民生活的估算，認爲：

「一個男子養五口之家，耕田一百畝。一畝田平均一年收成一石半的稻米，總共收獲爲一百五十石；扣掉百分之十的田賦十五石，剩下一百三十五石。一個人每月平均吃米一石半，五口之家一年要吃掉九十石，剩下四十五石。一石米約值三十錢，共可換錢一千三百五十錢。家族的祭祀，交際之費用要花掉三百錢，剩下一千零五十錢。一個人每年平均花在衣服上要三百錢，五口之家一年要花一千五百錢。這樣算下來還欠四百五十錢。家裏頭發生意外、生病、死喪等費用、政府的其他稅捐等都未算在內。所以農夫的生活窮困，常常入不敷支，對耕種有厭倦的心理。」這是戰國末年的計算，戰國末年與漢朝初年相去不遠，農民的生活應無太大的變化。漢代的田賦雖然較輕，但還有人頭稅（口賦錢）、徭役（勞力徵召）等，負擔也大致不輕。農民耕種所得不夠家常支用，幾乎是一個普遍的現象，不夠的部分只有向富人告貸，長期告貸的結果，農人更無還錢的可能，只好賣掉田地房子償債，投靠豪富，成爲佃農。

佃農的生活更苦，因爲田租極可能就佔掉全部收成的一半；而政府田賦的減輕只肥了地主，農人並無好處，人頭稅之類的稅捐却是不分貧富都要繳納一樣的錢，其結果是農人飽受剝削，貧困而痛苦。

貧窮的農人吃不消重賦剝削，就不得不流亡了，有的逃到豪強的門下，成爲雇農、奴隸，有的則逃進山林，變成盜賊，到處搶刼掠奪，破壞社會秩序。

經過桑弘羊長期的籌措戰費政策，加上漢朝政府對國家財富的使用非常不節儉，大肆揮霍的結果，國力損耗不輕，社會基礎逐漸動搖；又因爲人民的生活日益困苦，漢武帝初年民間豐足的情況又不見了，社會上貧富不均的現象愈來愈明顯，漸漸反對桑弘羊的財政政策的呼聲就出現了。

到了武帝的晚年，有一年天旱不雨，漢武帝命令各政府官員想辦法祈求上蒼下雨。一位叫卜式的官員就說：

「把桑弘羊丟到鍋子裏去煮，上天就會下雨了。」

卜式的說法有沒有個人恩怨在內，我們不得而知，但已經顯示了社會上反對桑弘羊財經政策的輿論漸漸形成了。

漢武帝晚年，國家的實力已經大不如前，社會上的動亂逐漸增加，武帝自己也很後悔長年打戰使百姓困苦的做法，但採用桑弘羊的財經政策並沒有改變。而桑弘羊的財政政策經過長年的擴張收入，已使得百姓頗受其困，加上官員從中作弊壓榨，政策的副作用已經超過政策本身的好處。

於是，反桑弘羊政策的輿論和力量逐漸成形，一場大風暴慢慢醞釀，等到漢武帝一死，一個驚天動地的政策批判就發生了——那就是有名的漢昭帝六年的「鹽鐵財經大辯論」。

第二章　鹽鐵政策的基本爭論

大辯論的幕前幕後

西元前八十七年，距今超過兩千零五十年，一代雄主漢武帝在長安五柞宮病逝，享年七十歲，結束了中國歷史上一個積極進取、活潑好勝的時代。

對於漢武帝一生事功的評價，有一個插曲，可以參考漢朝人對漢武帝的看法：

在漢武帝死後十三年，他的曾孫即皇帝位，史稱漢宣帝。宣帝非常崇拜他的曾祖父，即位之後，立刻下了一道詔書，要求羣臣給漢武帝一個超乎一般皇帝之上的廟號與儀式音樂，詔書上說：「我僥倖蒙祖先遺德，繼承了這份神聖的事業，日夜竭盡思慮，不敢疏忽。我的曾祖父孝武皇帝，他的文武功績都非常偉大，說也說不完。然而，他的廟號和祭祀音樂，卻沒有得到特別的尊崇，不足以彰顯他的功德，我覺得非常遺憾。希望諸位大臣、博士能研究研究這個問題。」

於是，羣臣立即在宮庭大廳中召開大會討論，大家都說：「詔書所說是應該的。」

只有一位少府（一種稅官），名叫夏侯勝，他獨持異議：「漢武帝雖然有平定四方夷狄，拓廣國家疆土的功績；可是，他使衆多士兵死在戰場，老百姓的生活陷於窮困；他主持的政府花錢奢侈不知節制，使全國的經濟疲弊不堪，農民大量流亡，死者過半；國內又遭受蝗蟲災害，幾千里的農田毫無收成，社會上甚至有吃人肉的慘劇，至今經濟生產與社會安定還不能完全恢復正常。漢武帝對廣大的老百姓沒有眞正的照顧和恩惠，不值得爲他立特別祭祀廟號和音樂。」

其他的大臣都勸夏侯勝不要太不識相，他們提醒他說：「這可是當今皇帝的意思呵！」

夏侯勝回答可硬得很：「就是皇帝的意思也不能贊成！爲人臣子的，應該實話實說，提出合理正確的意見，不能一味迎合上面的意思。我這個意見既然說出口，就是殺頭，我也不會後悔。」

到最後，皇帝的意思還是實行了，這位有骨氣的稅官反而下獄了。但是他說漢武帝只知建立功績，不知體恤百姓，確實是透露了漢朝一般老百姓的眞正心聲。

漢武帝到了晚年，皇太子的年紀還很小，他對自己死後的政局極不放心，想找一些可靠的大臣來照顧未來的年幼皇帝。漢武帝在羣臣當中仔細觀察，覺得有兩個人可以信賴——一位叫做霍光，一位叫做金日磾。

霍光，是霍去病的弟弟，算起來也是漢武帝的親戚（霍光應該叫漢武帝爲姨丈）。霍光曾經擔任武帝的隨從達二十餘年，性格沉默嚴肅，處事謹愼端莊，身高一七二公分，皮膚白皙，臉頰上蓄有鬍子。在追隨武帝左右時，做事從未犯錯，非常得武帝的信賴。

金日磾，是匈奴人；年幼時被漢朝軍隊從塞外俘虜回來，被分派到皇宮當養馬工人。金日磾長得非常高大（一九三公分），容貌堂堂，性格誠實篤直，馬養得又好，漢武帝非常欣賞他，提拔他做隨從。金日磾對武帝忠心耿耿，曾經手擒刺客，救了漢武帝一命。

漢武帝死的前一天，已經病得很嚴重了。他把霍光、金日磾，及其他朝廷大臣召來病床前面；霍光淚流滿面問皇帝：「如果您有了三長兩短，您要誰繼承大位呢？」

武帝說：「立我最小的兒子爲皇帝，但國家大權交給你，你要像周公一樣輔佐幼主，實際管理政務。」

霍光磕頭惶恐地說：「我不如金日磾。」

金日磾一旁也說：「不，我是外國人，不能擔當這樣的大任，我不如霍光。」

漢武帝當場下令霍光擔任大司馬大將軍，金日磾擔任車騎將軍，桑弘羊爲御史大夫，共同接受武帝的遺旨，輔佐小皇帝。

第二天，漢武帝去逝，他的八歲小兒子劉弗陵繼位，後來稱爲漢昭帝，皇帝應決的政事都委託霍光來處理。

金日磾在武帝逝世不久，也生病死了。

這樣，漢朝政府中身份地位最高的大臣有三位，一位是大司馬大將軍霍光，他是軍事方面的總指揮官，又替幼皇帝下決定，相當於皇帝的秘書長；一位是御史大夫桑弘羊，他職司監督大臣言行之責，同時是財經政策最有權力的主管官員；另一位是丞相車千秋，他身居行政方面的最高官位。

丞相車千秋，是一個沒有特別的才能或專長的人，也沒有顯赫的資歷或功勞；他是在一次事件中上書給漢武帝，正好說中武帝的心事，武帝召車千秋來見，看到車千秋身材高大，面貌俊美，反應靈敏，善體人意，心中非常喜歡。幾個月之內，車千秋就從一個小官升到丞相，升官之快，歷史上非常少見。

但就是因爲車千秋官升得太快，其他大臣不完全佩服他，所以也沒有太大的實力。而車千秋自己，很有生存的本事，他不爭權力，也不得罪有權勢的人，寧願做一個傀儡丞相。漢武帝死後，他知道如果他參與政事，可能遭到霍光的猜忌，萬一起了衝突，他不可能鬪得過霍光。所以，在他任丞相的期間，對一切政事卻不發表意見，也不得罪人，成爲一個有名無實的政府首長。

因爲丞相不管事，昭帝時的政治權力就成爲霍、桑兩人的對峙。

漢武帝晚年，也很後悔自己連年征戰，不顧百姓的痛苦，而整個國家也因爲長期軍事消耗而露出動搖的衰象；霍光跟隨武帝左右二十餘年，對社會情勢與漢武帝的心情，非常能夠體會，因此有改變政策方向的意念。

在昭帝初年，霍光就有減輕力役、田租的措施，具體反應了社會經濟環境的政策需求。

然而，修改財經政策是不容易的。因爲財經政策卅年來都由桑弘羊所主持，而桑弘羊仍然是政府中最有實力的人物之一。

霍光以大將軍居內朝，代皇帝下決策，權力可以說是最大；但是在漢朝，中國人的政治制度已經體系健全，整個政府政策的推行，不是靠皇帝，而是靠整個官僚制度。在名義上，官僚制度的最高首長是車千秋，但他有名無實；而桑弘羊參與政策的制定與推行，長達六十年，資歷與聲望不但超過車千秋，也超過霍光，他才是眞正的行政部門領導人物。

爲了轉變財經政策，也爲了奪取桑弘羊的財經大權，霍光不得不設計一個方式，來打擊桑弘羊。

這個方式，就是輿論。

霍光認爲，要把桑弘羊的權力奪過來，一定要先批判桑弘羊財經政策的成績。所以，霍光設法舉行「鹽鐵會議」，讓來自民間的代表們，在朝廷上公開反應人民對鹽鐵政策的痛苦與批評——這正是一場大規模辯論會議所以產生的背景。

參加鹽鐵會議的民間代表，包括兩種人。一種稱爲「賢良」，一種稱爲「文學」。

推擧品德學問，才能特出的人材，是漢朝政治的傳統。它的辦法是透過中央政府或地方政府的官員，在民間尋找人材，推薦給皇帝；這些人，來自民間，提出的意見往往可以代表民意。這種察擧制度，是一種由上而下的選拔（和現在由下而上的選擧不太一樣），選拔的標準以品行爲主，大多根據地方輿論，所謂的「鄉評里論」有很大的影響力。

參加鹽鐵會議的賢良和文學，賢良是由中央官員的推擧的，共有八個人；文學是由地方行政首長的推擧的，共有五十餘人，大部分是懷抱儒家思想的知識份子。

霍光想利用民間對桑弘羊政策的反對意見，來打擊桑弘羊的勢力；而賢良、文學則借機反映出社會上老百姓的心聲，更提出了儒家的政治主張。

在辯論的另一方，也就是受命與賢良、文學共同討論的行政首長，包括了財經政策主持人桑弘羊（御史大夫），行政機關最高首長車千秋（丞相），以及兩人的助手御史、丞相史等多人。

基本爭論

漢昭帝即位後第六年的二月，霍光透過昭帝的名義，下令要丞相、御史大夫曁有關人員與前一年推舉出來的賢良、文學六十多人，共同討論民間百姓對政府政策的批評與意見。

丞相車千秋、御史大夫桑弘羊各帶了數名副手，坐在朝廷大廳的上首；下首的兩邊，分別坐著來自京師附近的「賢良」八人，和來自民間的代表「文學」五十多人。在議事大廳的角落，則坐著官方的記錄。當使者宣讀了皇帝的旨意，要求民間代表儘量發言，指出政府施政的不當，之後，討論就展開。

一位文學自座位上站起來，率先發言說：「我曾聽說，管理人民的基本原則應該是，儘量防堵使人墮落腐敗的源頭，儘量發揚使人道德向上的根本；限制商人投機的暴利，鼓勵百姓的講仁義的精神。不可以讓人民的眼睛只看到『利』，這樣，教育文化才能興盛，社會風氣才會改善。

但是目前，各郡國（地方政府）都設有鹽鐵官賣、酒的專賣、均輸等制度，與人民共同爭取市場上的利益。這種措施，破壞了善良純樸的風俗，使社會瀰漫貪慾自私的氣息；更因此，老百姓很少願意從事辛苦的農事耕作，很多人都跑去做生意了。

這個世界上，如果人們都重視表面文章，本質就沒人講究了；如果人們都追求經商的利益，農田就沒人耕作了。商業興盛，投機者獲利，社會風氣就敗壞了；農業興盛，大家自食其力，百姓才會質樸誠實。百姓如果樸實節儉，社會財富雖然不多也會夠用；百姓如果奢侈浪費，社會財富再多也會有人受凍挨餓。

因此，我們希望政府能廢除鹽鐵官賣、酒的專賣、均輸等這些措施，用以促進農業，抑制商業，這是極適宜的。」

另一邊，御史大夫桑弘羊發言了：「北方的匈奴民族不服從我們政府的領導，屢次進兵欺負我邊境的百姓。這個問題怎麼解決呢？要防禦長達千里的邊境，軍隊與補給的士卒當然苦不堪言；不防禦，則匈奴的侵略騷擾是不會停的。

因爲邊疆百姓長期地生活在匈奴攻擊掠奪的恐懼之下，先帝（指漢武帝）非常痛心，乃建造碉堡屏障，整修烽火台等傳訊設備，佈署軍隊做爲防備。但這樣一來，國防經費就不夠用了；不得不設立鹽鐵官賣制度，把酒收爲公營，制訂均輸制度等措施，因而貨物累積，財富增加，可以提供國防支出的經費。

現在，有人批評這些措施不當，主張廢除。對內來說，國庫將支用一空；對外來說，國防所須經費毫無著落。想想看，如果在邊境堡壘中防守敵人的將士，他們冷了、餓了，我們拿什麼給他們吃穿呢？廢除鹽鐵等制度的說法，絕對是行不通的。」

另一位文學站起來說：「孔子曾經說過一句話：『國家的君主或家庭的長老，他們不擔憂人少，只擔憂組成份子之間待遇不公平；他們也不擔憂窮，就怕組成份子對環境不滿意。』所以，做天子的人不講『什麼多了，什麼少了』；做諸侯的人不說『什麼有利，什麼有害』，做大夫的人不談『得到什麼，失了什麼』。他們都努力修養自己的仁義，做為百姓的模範；他們也都努力推廣自己的德行，獲取百姓的信賴。因而，近的百姓擁護愛戴，遠的百姓願意歸服。所以說，最擅長征服的人是不作戰的，最擅長作戰的人是不帶兵的，最擅長帶兵的人不在戰場佈陣。他們在廟堂之上修養德行，必要時擺出軍隊就可以獲勝。一個行仁政的國君在世界上是沒有對手的，那裡還需要軍事費用呢？」

御史大夫桑弘羊回答說：「匈奴民族兇暴而且狡猾，常常大膽率兵攻入長城，欺負中國百姓，甚至殺了朔方郡的軍事指揮官，他們的挑釁行爲已經太過份了，早就該出兵討伐他們。

但皇上心中仁慈，同情老百姓生活困苦，更不忍心讓將軍、士兵長久待在北邊的荒野，暫時不出兵。然而，卽使皇上穿上盔甲拿起長槍，想要實現北伐匈奴的雄心；卻又要廢除鹽鐵、均輸的財政來源。國防經費發生問題，戰爭策略打了折扣，如何可能呢？提倡廢除鹽鐵的人一點都不考慮邊境的局勢，絕對是行不通的。」

剛才發言的文學，忽忙又站起來辯駁：「古時候的人重視德行，反對用兵。孔子有一句話說：『遠方的百姓不肯歸順，要設法修養國內的文化道德來吸引他們；一旦他們被吸引來了，就要設法讓他們安頓而且滿意。』現在我們放棄道德，而大肆用兵，動不動就派出軍隊攻打他們，要不就佈署軍隊防備他們，長期動員軍隊，軍需糧食的補給輸送不完；結果，邊境的軍隊在外挨餓受凍，國內的百姓工作加倍辛苦。設置鹽鐵制度，首先啓用了『賺錢官』來張羅不足的經費，這不是長久的策略。所以，還是把它廢除比較適宜。」

桑弘羊說：「古時候創立國家的聖賢，既開創農業，也創立了商業，使貨物得以流通；發明了市場以應老百姓的需要，人民聚集在市場，萬種貨物也在市場，農人商人工人軍人都來到市場，尋找他們所需要的東西，彼此交換貨物帶回家去。易經上說：『交換貨物的制度，使老百姓樂於從事自已的行業不致厭倦。』所以，如果沒有工人，農人耕作的器具就缺乏了；如果沒有商人，珍貴的貨物就找不到了。缺少農業器具，就種不出稻穀；珍貴貨物絕跡，社會財富就不夠了。鹽鐵、均輸這些制度，正是流通財富，調節需求，提倡廢除，是行不通的。」

另一位文學站起來說：「用道德來領導人民，老百姓會趨向簡樸誠實；讓人民看到利益，社會風氣就會敗壞。風氣敗壞的結果，一般人都變得只知爭逐利害不講道義；爭逐利害的結果，老百姓都擠到熱鬧的街道和市場。老子有一句話說：『貧窮國家好像物品豐饒（很多人買東西）。』其實那不是財富充足，而是老百姓的慾望多而不安份的表現罷了。所以，為王的人要鼓勵農業，抑制商業；用禮和義節制人民的慾望，設立以穀物交換其他貨物的市場。這樣，商人不賣沒有用的東西，工人不做沒有用的器具。所以，商業只是調節多餘的生產，工業只是製造實用的工具，而不是治理國家的要緊事情。」

御史大夫桑弘羊說：「管仲曾經說：『一個國家如果有肥沃的耕地，而百姓還缺少糧食，那一定是耕作器具不足夠的緣故。一個國家如果有豐富的山上和海底資源，而百姓還缺少財富，那一定是工商業不夠發達的緣故。』隴、蜀一帶生產紅漆、羽毛、荆、揚一帶生產皮革、象牙，江南一帶生產柟木、梓木、竹竿，燕、齊一帶生產魚、鹽、毛衣，兗、豫一帶生產粗絲、麻布，這些產品，都是一般人從生到死不可或缺的物資，有了商業才能流通，有了工業才能製成成品。所以，古時候聖人發明船隻，用來穿越河流山谷；馴服牛馬，用來深入大陸內部；這些交通工具，幫助我們到達遙遠偏僻的地方，可以使貨物交流而造福於百姓。先帝設立鑄鐵機構供應農民耕作器具，開辦均輸制度讓老百姓多積錢財，也正是這個意思。鹽鐵官賣和均輸制度，正是衆多人民所期望擁戴，而賴以生活的經濟制度，說要廢除它，那是行不通的。」

另一位文學大聲反駁說：「一個國家有肥沃的耕地，而百姓還缺少糧食，那是工商業畸形發展而農業生產荒廢的緣故；一個國家有山上海底的資源，而百姓還很窮困，那是資源沒有做成實用的器具，却做成一大堆無用奢侈品的緣故。再充沛的河水也倒不滿一個破漏的杯子，再豐富的山海資源也填不滿人民慾望的深淵；這就是爲什麼盤庚要遷都（到樸實的新城市提倡樸素的新生活），舜要把黃金藏起來（把黃金埋在深山，不讓百姓有貪心的慾望），也就是爲什麼漢高祖要立法不准商人擔任官職，這都是希望防止貪心粗俗的習性，而培養純樸誠實的風氣。政府限制商人活動，減少投機機會，老百姓都還做壞事，何況現在政府領頭做生意呢？公羊傳上面寫說：『如果諸侯喜歡錢財，底下的大夫一定粗俗；大夫粗俗，底下的士一定貪心；士貪心，底下的老百姓一定做小偷。』政府建立鹽鐵、均輸這種追求利潤的制度，正是開闢投機牟利的孔道，成爲老百姓犯罪的階梯呀。」

桑弘羊立卽回聲應道：「從前各地方政府都要拿當地的土產呈獻給中央政府，來來去去運輸很痲煩，長期轉送的結果，東西也變質了，有些東西的價値根本抵不上運費。所以我建議在各地方政府設置運輸機構，彼此接力運送，減輕遠方運輸貢物的困難，所以稱爲「均輸」（平均分攤貢輸的責任）；我又建議在首都設立委府（相當於物資局），吸收錢財和貨物，物價低廉就大量買進，物價高漲就大量拋售，這樣，政府沒有損失，商人却無暴利可圖，所以稱爲「平準」（平衡物價水準）。物價平衡了，百姓就能堅守本份，努力工作；運輸平均了，百姓的辛勞或輕鬆都是一致的。所以平準和均輸制度，都是使所有財物達到均衡，使所有百姓得到方便，絕不是你說的『開闢投機牟利的孔道，成爲老百姓犯罪的階梯』。」

另有一位文學又站了起來：「古時候的制度，對人民的賦稅有一個基本原則，要課征人民所擅長的，不要課征人民所不足的；因此，農人繳納耕種的收成，女人繳納手工藝的成績。目前實行的措施，要求人民放棄擁有的現成東西（穀物布匹等），反得繳納他所沒有的東西（錢幣）。農民不得不賤賣貨物，換成現金繳給主管單位。最近，有些地方政府又要求人民織布繳納，承辦官員常常故意挑剔爲難，私下討價還價；結果官府所收的，不只是政府設廠所產的濟陶之絲，和蜀漢之布，還有各種人民所生產的。不肖官吏又有舞弊的情形，官訂價格的高低可依賄賂而定，制度實行的結果，農民受雙重的痛苦，女工納兩倍的稅賦，我們看不到所謂的貢輸之平均。再就平準制度來看，政府官員一窩蜂到市場上操縱買賣，因而大量地進貨。大量進貨的結果，物價飛漲；物價飛漲，囤積居奇的商人正好從中得利；官方自行收購貨物的結果，造成官吏舞弊的機會。有權的大官和有錢的富商，大量積存貨物等待物價波動。投機商人和不肖官吏勾結，便宜買進賺取暴利，我們也看不到所謂的物價之平衡。古時候的均輸制度，是讓百姓出力平均方便貢輸，絕不是爲了賺錢而由政府做起所有貨物的買賣了。」

討論時間

在這一節的前段，御史大夫桑弘羊和文學爭論鹽鐵官賣制度該不該廢除。桑大夫認爲匈奴強悍無禮，應該籌措軍費出兵討伐；文學認爲「外交是內政的延伸」，

國內行仁政，匈奴就會歸順。可以說，雙方對國家所需財政收入看法的不同，來自

於他們對匈奴的行爲假設不同。依你看，誰的假設比較符合實際？

注意觀察國內立法委員和其他民意代表對國防經費預算的意見，是不是也可以看出他們對臺灣安定程度的假設不同？有人認爲「大敵當前」，有人認爲「太平盛世」，他們的看法是不是就影響了他們對國家財政支用的不同主張？

鼓勵耕作

御史大夫聽到文學把「均輸」、「平準」，兩個制度批評得一文不值，心中非常不快，立刻轉換了討論的話題。桑弘羊發言說：

「眞正的聖王一定限制自然資源的任意開發，也限制稅關與市場的任意設置，他一方面顧慮生產的平衡，一方面充分配合季節推移來從事生產，更利用對自然資源的配置來管理百姓。

在農業收成豐盛的年份，聖王會把多餘的農產穀物儲存起來，供做缺乏糧食的時候使用；在農業收成很壞的年份，聖王就發行貨幣，讓貨物在市場流通，這樣，多餘的財貨可以調節生產的不足。從前，大禹的時候鬧水災，商湯的時候鬧旱災，百姓普遍很窮困，不得不靠借貸以維持衣食的基本需要。大禹立刻開發歷山的金屬，商湯也開發莊山的銅，鑄成錢幣給人民，這種不景氣則放鬆銀根的措施，贏得天下人民的懷念與稱讚。

不久前，我們國家的財政發生拮据的現象，軍隊將士有時候領不到薪水；而東部地區又遭受天災，齊和趙兩個地區發生大饑荒。幸虧靠了『均輸』制度累積下來的財貨，和國庫裏平日的儲藏，使得軍隊戰士得到經費，也讓災民得到救濟。從這個例子可以看出，『均輸』制度得來的貨物與府庫中儲存的錢財，不是剝削百姓而專供戰爭之用，也花在救濟窮困防備水災旱災的用途上面。」

一位文學站起來回答說：「依照古時候的制度，稅賦是十份取一份，魚池湖泊到了適當的季節，就任人民出入捕獵，毫不干涉。這樣，老百姓都安心耕作，固守本份。因而三年的農業生產能有一年的剩餘，九年的農業生產就有三年的剩餘。這才是大禹、商湯等古代聖王防備天災安頓百姓的眞正辦法。

一個國家如果野草也不除，田地也不耕，不努力從事農業生產；就算獨佔所有礦藏海產的財富，就算有一百種商業賺錢的手段，也不能養活老百姓。所以，古人尊重勞力活動，從事最基本的農業生產，大量地種稻植樹，每個人都按季節努力工作，因而衣食充足，就算碰上幾個收成不好的年份，也不會使人民受苦。這樣看來，我們可以說，衣服和食物是人民的基本需要，而農業生產是人民的基本任務。衣食充足而農業發達，兩者就可以使國家富強，人民安居樂業了。這也就是詩經裏所描寫的境界：『上百的家庭都富足呀，婦人和小孩都安詳呀！』」

御史大夫桑弘羊立刻反駁說：「聖人賢人照顧家庭的方法並不是只有一種，使國家富強也不是只有一條途徑。從前，管仲運弄威勢和詭詐，使國家成爲強權，而紀侯大夫發展農業，節約省用，却失去了國家。

再說，如果每一個人都應該依靠農業維持生活和照顧家庭，那麼，舜就不該做陶器，伊尹就不該當厨子（註：根據傳說，舜是陶器工人出身，而伊尹本來是厨師）。我們爲什麼還認爲他們是聖人呢？

所以，最懂得治理國家的人，常常運用這樣的策略：『全世界都認爲低下的，我却尊敬它；全世界都認爲沒有價値的，我却重視它。』他懂得把不重要的變成重要的，把弱點變成優點。從這個道理來看，目前我們國家山上的和池塘裏的資源，以及均輸制度的財政收入，都是平衡國家財富、控制地方諸侯的手段。汝、漢一帶生產的黃金，以及各地貢輸來的蔴料，都可以吸引外國人的喜愛，換取胡、羌這些外族人的寶物。利用貿易，我們可以拿中國一小塊普通的絲布，換到匈奴價值很多錢的東西，不就減少了敵國的財富嗎？因此，透過貿易，塞外民族的驢子啦、騾子啦、駱駝啦，一匹接一匹地進入我們國境；斑馬呀、紅馬呀、戰馬呀，都成了供我們使用的牲畜；貂皮呀、狐皮呀、土撥鼠的皮呀、貓的皮呀，各種色彩的毛皮，各種圖案的地氈，都堆放在我們政府的倉庫裏；而璧玉、珊瑚、瑠璃，都成爲我們國家的寶物。這樣，外國的產品不斷地輸進來，而我們的財富沒有散到國外去。珍奇寶物流入國內，國家就富饒；國內財富沒有流到國外，人民就有錢。詩經上說：『上百的家庭都富足呀！婦人和小孩都安詳呀！』就是這種境界。」

另一位文學對御史大夫桑弘羊的貿易理論不表贊同，他站出來說：「古時候，商人流通貨物而不欺騙消費者，工人做堅實的器具而不偷工減料。所以，君子不管是耕田、打獵、還是捕魚，其實做的是同樣的事。現在呢？商人以欺騙爲能事，工人只注重花巧，肚子裏懷著投機的鬼胎而沒有罪惡感，這樣，老實人變成貪心人，貪心的人變成騙子，社會風氣就壞了。

從前，夏朝桀王的皇宮裏有許多歌女，都穿著刺繡著圖案的漂亮衣服，大臣伊尹看不過去，離開國家到『薄』隱居去了，結果愛好歌女的桀王喪失了他的國家。

我們再看看，今天這些從國外進口的騾子、驢子，實用價值根本比不上牛和馬；而貂皮鼠皮、毛皮地氈，實用價值也比不上絲和布。美玉、珊瑚原產地在昆山，珠寶象牙原產地在桂林，這些地方都距離我們一萬多里；如果我們拿這些東西的價格來和耕田織布的勞力相比較，或者和資本與原料成本相比較，就可以知道，這些外國進口的東西，價格超過其實用價值百倍以上，有時手掌那麼大小的一點東西，花掉的錢可以買一萬鍾的稻米了（註：一鍾的米是六十四斗）。

國家的統治者如果喜歡稀奇的寶物，老百姓也跟著穿起奇裝異服來；國家的統治者如果重視遠地來的東西，國家的財富就會外流。因此，眞正的聖王絕對不去重視那些無用的寶物，使老百姓懂得節儉；聖王也絕對不愛那些稀奇的珍品，使國家能夠富饒。從這裏看治理百姓的基本原則，應該是節約財政支出，發展基本產業，分給百姓土地，依井田制度耕種，除此沒有別的了。」

御史大夫桑弘羊提出反擊：「從我們首都長安往東西南北各方向看去，穿過高山大河，經過各個郡國，你所能舉出來的富饒的大都市，那一個不是交通方便，商業發達，各種貨物集中的？聖人順著季節而生產，賢人利用土地而生財；優秀的人從別人身上賺錢，普通人才用自己的身體辛苦賺錢。你看看，像長沮、桀溺這些從事農業的人，都存不到一百金的財產；那些穿草鞋做苦工的人，賺不到猗頓那樣的財富。宛、周、齊、魯，這幾個商業地區出來的商人，活動的範圍幾乎遍及全天下。這些商人的財富，有的高達一萬金以上；就是憑他們追求利潤、利用剩餘的精神賺來的。從這個角度來看，要國家富強何必一定提倡農業？要百姓富足何必一定實行井田制度？」

另一位文學站起來，說：「任何事情都有它發生的根源。洪水淹到天邊，才有大禹治水的功績；黃河泛濫成災，漢武帝才建造『宣房水壩』；商王紂殘暴無道，才有周武王與諸侯會盟孟津，起來革命；——而，天下動盪不安，商人才有暴利可圖。

像古早以前，天下的秩底極為完美的時候，人民非常樸實，遵守重農的本份，生活和平快樂，慾望很少。在那個時候，道路上很少看見忙碌的行人，買賣東西的市場都荒廢生草了。所以，不努力耕種的人，就沒東西可以餵飽肚子；不努力織布的人，就沒東西可以遮蔽身體；雖然人民還是有聚集為城市的需要，但那些經商賺錢的技巧，卻沒有辦法施展。這就說明了，從古至今，沒有貢獻卻得報酬，沒有努力卻得成就，是絕不會有的事。」

討論時間

在這一節裡，御史大夫桑弘羊提出一個看法，認爲商業可以使國家富強，透過貿易可以使百姓富足；但儒家的知識份子認爲，商業雖然可以賺錢，然而如果所有大家都經商，沒有實際的農業生產的話，大家都要餓死了。他們雙方的說法，是不是有一個「個別的行爲」和「整體的行爲」的層次差別？

臺灣對國際貿易的依賴很重，也就是說，臺灣是靠商業維持國家的富足，這麼說，是不是表示桑弘羊提出的看法比較有道理？還是臺灣的情況與古時候整個中國的情況有些不同？

貨物的流通

對文學所提出來的「鼓勵耕作」的理論，御史大夫桑弘羊認爲並不見得合理，於是他提出「貨物流通」的問題，來反駁「鼓勵耕作」的理論漏洞，他說：

「燕國的涿、薊兩個地方，趙國的邯鄲，魏國的溫、軹兩個地方，韓國的滎陽，齊國的臨淄，楚國的宛、陳兩個地方，鄭國的陽翟，三川一帶的鎬京、洛陽，這些都是天下有名的大都市，也是最富有的地方。這些大都市，並不是有人促進當地的耕種和開墾，而是地理上位居五個大都市（洛陽、邯鄲、臨淄、宛城、成都）交會的要衝，佔據了交通的主要便利。可見，物產豐富的地方人民就多起來；住家靠近市場的人就容易賺錢。賺錢要靠技術和計算，不是靠辛苦工作；利益要靠位置條件（人的地位或地理位置），而不是你們所說的『努力耕作』。」

一位文學站出來反駁說：「也不見『位置條件』就能帶來利益，以荊揚地區來說，南邊是桂林這塊生產豐饒的土地，中央有河流湖泊的交通之利，左邊有產金礦的陵陽，右邊有產木材的蜀漢。樹木砍掉，土地用來種稻穀；野草燒掉，土地用來種玉米；火燒草成肥料，水灌溉而耕作；耕地廣濶，物產豐富。然而，這個地方的百姓懶惰貪圖享樂，講究漂亮衣服和好吃的食物；雖然房子已經簡陋不堪，還每天彈琴唱歌，不願工作；每日揮霍，一個月的存糧都沒有；常常早上還高興歌唱，晚上就憂心煩惱了。趙國中山地區位跨黃河，道路四通八達，位居天下交通要道；商人在路上來來往往，諸侯也滿街可見。然而，人民一窩蜂去做生意，生活奢侈萎靡，不重視農業；田地荒廢無人耕種，男男女女爭相炫耀穿著打扮，家裡已經沒有米了，還在房裡彈琴唱歌。因爲這個緣故，荆揚地區和趙國中山一帶，儘管位置條件很好，百姓却普遍貧窮，很少有錢人。在另外一面，像宋國、衞國、韓國、梁國，因爲重視農業，努力耕作；一般家庭，一般老百姓，家家富足，人人受到照顧。可見，利益在於愛惜自己，而不在『位置條件』或『交通要津』；財富來自於節約和依照季節生產，而不是來自那些干預生產的主管官員。」

桑弘羊再提出一個理論與例證說：「根據『五行』的理論，東方屬木，但東方的丹陽、章山一帶却有金礦或銅礦；南方屬火，但交趾一帶有海一樣大的河流；西方屬金，但四川一帶却有產著名木材的森林；北方屬水，而幽都却有泥砂沖積的土地。可見，天地之間也有流通各種資源，調節各地有無的自然現象。現在，產在吳、越一帶的竹子，產在隋、唐一帶的木材，用都用不完；但在曹、衞、梁、宋這幾個地方，木材缺乏的情形非常嚴重，連一個棺材都要把死人屍體倒掉，重複使用好幾次。長江、洞庭湖生產的魚，萊、黃一帶生產的河豚，吃都吃不完；但在鄒、魯、周、韓這幾個地方，居民只有蔬菜可吃，根本吃不到魚。自然界的資源並不是不充裕，山礦海產的寶藏也很富足，但老百姓的生活所需仍然缺乏，原因就是，生產有剩餘的地方和生產不足的地方沒有彼此調節，世上的財富沒有充分流通的緣故。」

另一位文學站出來說：「古時候的人，屋椽不雕刻，茅草屋頂不修剪；穿粗布衣服，用土器吃飯，利用金屬鑄成鋤頭等農具，利用陶土做成各式器皿；工人不造奇怪精巧的東西，社會不重視不能吃或穿的東西；每個人都安頓自己的住所，建立自己的風俗，享受自己的食物，把自己的用具做得很便利。這樣，遠方的東西不會有人買賣，昆山的玉也不會千里迢迢輸進來。

現在，社會風俗敗壞，每個人比賽奢侈浮誇；女人要穿最講究的服飾，工人要做最精巧的東西；樸實的天然材料都被雕上各種裝飾的花案，奇怪的東西反而受到讚賞。風氣所趨，人們開掘山礦，爲了找金子和銀子；潛入深水，爲了採珍珠寶物；裝置陷阱機關，爲了捕捉犀牛和大象；佈置羅網，爲了捕捉青色的翡翠鳥。人們四處尋找野蠻民族的東西，讓中國人感到稀奇開了眼界，又把邛、筰兩地的貨物運到遙遠的東海；這樣，把相距萬里的貨物運過來運過去，花費時間和力氣，卻沒有任何實用價值。就因爲這個緣故，一般老百姓耗盡體力工作，仍然穿不暖吃不飽。

所以，眞正的聖王一定禁止投機暴利，節省不必要的支出。商業暴利被禁止，人們就會回到耕農的本來崗位；不必要的支出削減了，百姓就足衣足食。這樣，活著的人不會生活匱乏，死了的人也不會從棺材被倒出來。」

御史大夫桑弘羊說：「古時候，建造宮殿和房屋有一定的規格，馬車和衣服也有一定的標準；屋椽、茅草屋頂不加裝飾和修剪，並不合於古代聖王的制度。君子反對奢侈浪費，但也反對過份節儉，過份節儉就太簡陋了。從前孫叔敖在楚國當宰相的時候，他的妻子不穿絲織衣服，他的馬不餵稻穀，孔子就批評他說：『這樣不對，太節儉就變得卑鄙了。』這也就是詩經『蟋蟀』這首詩諷刺的主題。管仲也曾經說：『宮殿房屋不加裝飾，生產的材木就要過剩了；廚房做菜不講美味，生產的禽獸就用不完了。沒有商業利益的追求，農業生產也銷不出去；沒有刺繡禮服的需要，女人手藝也不會發展。』

所以，工人、商人、木匠、機師，都是爲了國家的需要與器械的供給而存在；這些職業從古時候就有了，並不是現代獨特的現象。弦高在周賣牛，五羖在秦開租車業，公輸子從事設計製造器具，歐冶則從事鑄造鐵器，這幾位都是工商業的知名人士，他們的成就也有目共睹。論語裡頭說：『各種工匠都開自己的店面，努力從事自己的工作。』農人和商人互換擁有的產品，對農業與商業彼此都有好處。

有的人住在山上，有的人住在池塘旁邊，有的人住在肥沃的土地，有的住在貧瘠的土地，他們之間，就靠貨物的充分流通，才能滿足每個人的需要。這樣，生產多的人不會過剩，生產少的人不會挨餓。如果每個人都固定住在自己的地方，只吃自己所生產的東西；那麼，橘子、柚子也不會賣了，朐地生產的岩鹽也不會出現了，毛氈地毯也不會上市了，吳、唐生產的木材也用不到了。」

另一位文學起來反駁說：「孟子曾經說：『農業生產如果能完全配合季節氣候，稻穀產量一定吃不完；養蠶種麻如果能完全配合季節氣候，絲與布的產量做衣服一定用不完；配合季節上山砍材、木材也用不完，配合季節打獵捕魚，魚和肉也吃不完。』但如果不考慮自然資源的有限，建造宮殿房屋講究裝飾，又蓋平臺又蓋亭子，木匠把大塊木頭削成小塊，把圓的木頭削成方的，只爲了雕刻出雲的形狀，樹林的形狀，這樣，材木的生產不可能夠用的。男人不從事耕作，都跑去當工匠，雕刻精細的花紋啦，雕刻禽獸的模樣啦，追求物品精巧的極端，那麼，稻米的生產不可能夠吃的。同樣，婦女講究裝飾打扮，把她們所有的技巧，心思都花在細小瑣碎的東西上面，那麼，絲布是不夠做衣服的。廚師講究烹調，禽獸不成熟就宰殺了，又煎又煮又混炒又調味，追求美味的極緻，那麼，魚和肉的生產是不夠吃的。所以，對目前的社會而言，我們的問題不是禽獸吃不完，木材用不完，而是我們的奢侈浪費沒有限度；我們的問題也不在毛氈地毯、橘子柚子賣不賣，就恐怕我們可能連破房子都沒得住，連米糠都沒得吃。」

討論時間

桑弘羊在本節中提出一個觀念，每個人都在自己所住的地區從事生產，但生產條件和生產的東西各不相同，因此貿易就產生了，這個看法與近代的國際貿易的基本理論非常相似。然而，文學提出另一個觀念，認爲人應該配合自然界的季節與資源的生態來運用資源，不可以讓人類的慾望破壞了整個生態的平衡，這個看法與最近世人反省生產與生態環境的關係異曲同工。文學以生態平衡的觀念來反對貿易，你覺得這兩個看法彼此衝突嗎？或者説，兩者在什麼情況下才發生衝突？

文學主張房屋不要修飾，器具只求便利，不要重視不能吃穿的東西，這種刻意簡樸的觀念，與最近社會上提倡的「精緻文化」有衝突嗎？

第三章　民營與公營的爭論

錢幣的鑄造

既然討論到貨物的流通，就不能不提到貨物交換的媒介——錢幣。御史大夫桑弘羊把話題轉到貨幣政策上，他說：

「發行貨幣使天下貨物流通，如果老百姓還得不到好處，那是因爲貨物被壟斷的緣故。根據農業生產的情形衡量商業活動應佔的比重，如果老百姓還有吃不飽的人，那是因爲稻米被囤積的緣故。聰明人一個人做的事可抵一百個普通人，笨人做的事有時還賺不回花下去的力氣；如果統治者沒有加以適當調節，老百姓追求的財富是彼此衝突的。這就是爲什麼，有些人累積了一百年也花不完的財富，有些人却只要吃到米糠飯就心滿意足。人民如果太有錢，就不可能再用薪水來支使他；人民如果太有勢力，就無法以刑罰來嚇阻他。除非設法消除財富集中，避免利益獨佔，否則老百姓之間永遠不平等。因此，國家行政首長應該替人民積聚糧食，節制人民花費，強迫人民儲蓄，遇有困難則融通人民的不足，再加上禁止暴利所得，限制盈利的途徑，這樣，老百姓才可能家家有飯吃，人人過著豐盛的生活。」

一位文學站起來批評說：「古時候的人注重道德，不注重利益；講究義氣，不講究財富。在三王（大禹、商湯、周文王）時代，社會財富有時景氣有時不景氣，不景氣的時候，政府就提供資助，不穩定的時候，政府就採取安定的措施。因此，夏朝人民講究忠誠，殷朝人民講究尊嚴，周朝人民講究文化，教育非常發達，風俗非常善良謙和，文化之興盛值得我們特別注意。到了後來，講求禮義的精神崩潰了，善良的風俗熄滅了，從吃公家飯的官員開始，大家都不要榮譽要錢財，強的欺負弱的，彼此競爭，彼此傾軋。這才是爲什麼，有些人累積了一百年也花不完的財富，有些人却沒得吃沒得穿。

古時候，當官的不能種田，打獵的不能捕魚，守關卡的，打更報時的，都有固定的職業，不能兼差得兩種利益，不能壟斷各種貨物。在這樣的制度底下，聰明的人和愚笨的人都盡自己的力量，不會彼此傾軋。詩經裏頭有詩句說：

那邊的地上有遺落的麥稈，
這邊，有剩餘的麥穗，
讓她們去撿吧，那些可憐的寡婦。

這就是不搜盡物品，留惠於他人的一種崇高的境界。」

御史大夫桑弘羊站起來反駁說：「商湯和文王的興起，正是最不景氣的時候；漢朝的興起，也正好緊接了衰退的階段。一種本質就有一種文化，這不能用一般的社會變遷的觀點來看。一個社會的風俗敗壞了，我們必須改用新的法則，而不是一味學習古人，必須能夠糾正過去的錯誤，消除不景氣的情形。因此，政策要跟著社會環境而更換，貨幣要跟著時代變化而改革。你看，夏朝國王用黑色貝殼做貨幣，周朝人用紫色玉石做貨幣，後來的朝代有的用金屬鑄成貨幣，有的用刀幣或布幣。這就是因爲所有的東西用到了極致就會衰退，從開始到結束有一個循環的趨勢。所以，如果政府不管制礦山池塘，做官的人會得到和君王一樣高的利益；如果政府不禁止錢幣鑄造，假錢和眞錢都會在市面上流通。而，做官的人有了錢，彼此會競爭奢侈浪費；下階層的人一窩蜂去做生意，彼此就會互相傾軋。」

另外一位文學站起來發言說：「古時候，社會上只有市場而沒有貨幣，每個人都以自己多餘的生產物品去交換自己所沒有的東西，所謂的『帶著布，換了絲回來』，就是指這種物物交換制度。到了後代，才有了龜甲、貝殼、金錢等各種貨幣做爲交易的媒介。但貨幣的種類一變再變，老百姓詐欺的情形就愈來愈多。我們都知道，要改正虛僞的風氣，就要歸返樸實的生活；要防止行爲的不當，就要宣揚基本的倫理。商湯、周文王都繼承了一個衰頹的時代，經過他們改革法律，變化風俗，使商朝、周朝的文化大爲興盛蓬勃。漢朝也接替了一個毀壞的時代，卻沒有進行必要的改革，反而追求利益，更換貨幣；這些政策，想要老百姓回到基本產業的崗位，就好像拿油去滅火，用火炬去降低溫度，搞錯了方法。事實上，只要統治者重視禮儀，人民就是在暗處也會修飾自己的行爲；但如果統治者貪愛物質，老百姓就是殺頭也要追逐利益呀。」

御史大夫桑弘羊進一步提出他對貨幣的看法，他說：「漢文帝的時候，民間可以自由鑄錢、煉鐵、製鹽，不加管制。因爲這幾項產業都要大資本，到了後來，諸侯吳王就壟斷了豫章一帶的銅礦，以及他轄區下的海產與池塘；大夫鄧通則壟斷了西山的銅礦。結果，東部地區的不良份子都集中在吳國；秦、雍、漢、蜀一帶的不良份子則依靠到鄧家，吳王和鄧通鑄造的錢幣發行遍及天下；不得不才禁止民間自由鑄錢。禁止鑄錢的法令制訂之後，詐欺造假的風氣才平息下來；詐欺造假的風氣一平息，老百姓投機牟利的希望就消除了，只有各安本份做自己的工作。這樣，怎麼會不回到基本產業的崗位呢？

由此可見，貨幣要統一，老百姓才不會心懷鬼胎；貨幣由最高當局發行，老百姓才對貨幣有信心，這是貨幣政策的基本原理呀！」

另一位文學出來反駁說：「古時候，貨幣種類很多，貨物流通順暢，老百姓生活快樂。後來，舊的貨幣漸漸廢去，改發行鑄有龜、龍圖案的銀幣；很多人常利用新貨幣來騙人，所以貨幣改革了幾次，人民更加沒有信心。不得不廢去天下各種流通的貨幣，專令上林三官統一鑄造發行。但是，一些不肖官吏工匠又從中舞弊，鑄造的錢幣成份規格都不按標準，造成鑄出來的錢有輕重厚薄不統一的現象。一般農夫使用不習慣，只好把貨幣當普通貨物一樣來比較它的輕重厚薄；人民相信舊貨幣懷疑新貨幣，對貨幣的眞假也不知如何判斷。商人趁機欺騙老實人，用壞的貨幣換好的貨幣，用不值錢的錢換兩倍價值的錢。因此，買的人吃虧，賣的人也得不到利益，對貨幣的懷疑就更普遍了。目前，我們對僞造貨幣已有法律懲罰，但是貨幣好壞參差的現象並沒有比以前減少，可見禁止人民鑄幣是沒有必要的。如果同一種錢的使用還要比較選擇，貨物就不會流通了；尤其貨幣的使用人更是受苦。春秋上說：『如果一個謀略對蠻夷人不適用，就不要採用。』引申來看，對付不了心機詭詐的政策也不要施行。所以，眞正的聖王對外不管制大海池澤，任人民生產使用；對內不禁止錢幣鑄造，讓人民的貨物能充份流通。」

討論時間

這一節的開始，桑弘羊和儒家知識份子都討論到貧富不均（有些人累積了一百年也花不完的財富，有些人却沒得吃沒得穿）。桑弘羊認爲貧富不均是社會上的人才智能力不一致的結果（聰明人一個人做的事可抵一百個普通人，笨人做的事有時還賺不回花下去的力氣）；文學則認爲是社會風氣傾向於競爭，很多人利用制度上的漏洞彼此傾軋的結果。你認爲，那一個說法比較能解釋目前臺灣社會財富分配的情形？

目前世界各國幾乎都由政府統一發行貨幣，也就是說都採用了桑弘羊的政策，你認爲文學對該政策的反對有什麼環境上的特別原因？文學批評桑弘羊的貨幣政策時，特別指出官員的舞弊破壞統一發行貨幣的理想，你認爲這種情形能夠發生在現代的社會中嗎？

禁止農人經營鹽鐵

御史大夫桑弘羊聽完文學對貨幣政策的看法，便把話題轉到另一個問題，由桑弘羊首先提出他反對鹽鐵兩業開放民營的理由，他說：

「普通人家裏有件寶物，都還小心翼翼地用盒子箱子裝好藏起來，難道天子對礦山大海這樣的寶藏就不能愛惜嗎？可以得到利益和權勢的地方，往往在深山之中或偏僻的澤沼之旁；這種惡劣的交通條件限制之下，除非有大資本的人，否則無法進入礦藏所在得到利益。當年鹽鐵還沒有收歸國營的時候，民間出現了朐邴這個大資本家，諸侯出現了吳王這位有權勢的人，兩人壟斷了鹽業和鐵業，才引起鹽鐵公營的討論。其中，吳王獨占礦山池塘的生產，因而能夠減輕轄下百姓的賦稅，更能救濟幫助窮困沒飯吃的人，建立起他個人的威望。當他的威望累積得很高的時候，想背叛和皇帝一爭長短的野心就產生了。如果我們不即早消除這種叛逆的根源，等到事情發生了才來煩惱，就好像呂梁地方的黃河決口，大水一下子衝出來，傷害就很大了。

太公曾經說：『一家可能傷害一百家，百家可能傷害諸侯，諸侯可能傷害全國，這就是爲什麼要制訂國家法律來防止這些情形的原因。』現在，你們主張任由人民去爭利益、爭權勢；開放鹽鐵業讓他們去獲取暴利、增強實力；讓他們達成貪婪的野心。其結果一定是所有的不良份子聚集在一起，結成組織幫派。到那個時候，恐怕那些土霸王愈來愈不能控制，而此大吃小壟斷財富的黑心資本家也要產生了。」

一位文學起來回答道：「老百姓把寶物藏在家裏，諸侯把財富藏在國家，天子把寶藏存在全天下。老百姓用牆壁來藏東西，天子卻把四海當做箱子櫃子。你看，當天子去拜訪諸侯，上了諸侯王宮殿的樓梯，諸侯王就必須呈上地方政府的鑰匙，站在一旁聽候命令，以表示他在天子面前就不是地方政府的首長。因此，統治者不在身邊儲藏財富，而把財富藏在百姓身上；他知道拋開投機的利益，關心百姓的教育，當社會倫理建立起來，老百姓都受到感化。如果做到這樣，就是商湯、周武王活在世上，也不需要他們憂慮。工業商業的經營，採礦煉鐵的生產，又能做什麼壞事呢？再說，三桓奪取了魯國，六卿篡分了晉國，也不是因爲獨占了鹽鐵才起異心的呀，所以，最有利益、權勢的地方，不是深山大海，而是政府機關；一家傷害一百家的事情，必定出自於當政者的家裏，而不是朐邴這種民間資本家。」

御史大夫桑弘羊反駁說：「山上海底的礦產資源不得任意開採，這樣人民就不會想到顛覆政府；物價的高低漲跌有一個平衡，這樣人民就不會對貨幣沒有信心。現在由政府設立度量標準，讓人民有所遵循，就算是三歲小孩上市場，商人也騙不了。他們主張，要把政府的管制廢除；果眞實行你們的意見，那些地方惡霸馬上控制市場，獨占所有利益。街巷裏所有的攤販或市場，全由他們控制，物價高低全憑他們一句話決定，價格一會兒漲一會兒跌，他們只要坐在那裏，勢力就愈來愈大。這豈不是資助強者，壓抑弱小，而國家的財富都藏在盜賊身上嗎？如果我們資助豪強，壓抑弱小，衆多的老百姓都要受苦憔悴了；就好像田裏頭雜草茂盛，穀物就長不好了。你們說，一家傷害一百家不會是朐邴那種資本家，怎麼說得通呢？」

另一位文學站起來回擊說：「山上海底的礦藏資源，是物質財富的最佳途徑；而鐵製器械，却是農夫的最親密伙件。這最親密伙件一發揮效用，農夫的敵人（指野草）就消滅了；敵人一消滅，荒地就開墾成良田了；荒地一開墾，各種農作物就生產出來了。這一個途徑打通了，百姓的生活就有著落，人民的需要就得到供應；人民的需要供應充足，國家就富強了。國家富強之後再施以禮儀的教育，這樣，路上的行人會彼此相讓，工商業不會互相欺騙，人人以誠實質樸互相幫助而不彼此爭利。

在我們國家裏，秦、楚、燕、齊等地，土壤的肥沃程度各不相同，地質的軟硬也有差異；耕作所用的鐵器，有的要大，有的要小，有的要直，有的要彎，地區不同習慣也有差別，各有各的需要和方便。現在，政府把鐵器製造全部收歸國營，統一按標準規格來製造，結果，鐵器不能適合個別區域的需要，農夫耕作得不到便利。農業器具不合用，農人在田裏耗盡力氣也除不了野草；野草除不盡，農業生產受影響，農民就貧困痛苦了。

再說，政府統一生產鹽鐵，必須徵調百姓輪流充當生產工人。但製鹽工廠與煉鐵工廠，不是靠山就是靠海，或者靠近鐵砂或煤炭的產地，大部分都位於偏遠地區，而鹽鐵生產的工作極爲辛苦；被徵調勞動的人，很多人承受不了只好花錢僱人頂替。

地方政府有時又按戶口抽調壯丁去當鹽鐵工人，卻支付很低的工資。一般家庭又輪流被派去運輸鹽鐵產品，工作既苦又花錢，老百姓對這個制度非常不滿。

從這些事實，我只看到一個官吏可以使千里之內所有的百姓受苦，沒看到朐邴那種民間資本家做了這樣的事。」

討論時間

桑弘羊認爲，一個人一旦財大勢粗，就會有政治野心，而在專制時代，政治野心無法透過選擧得到滿足，只好造反，所以，桑弘羊主張防止人民太有錢或太有勢，以維持政治安定。在目前臺灣，也有不小財團的負責人或其他有財富的人，對政治發生興趣，進而參加選擧或其他公職，你認爲這種現象，對我們的社會有什麼樣的影響？

兩種復古的說法

文學指出鹽鐵專賣造成了種種不便民的現象，但御史大夫認爲鹽鐵專賣制度本身沒有問題，問題出在部分執行官員的身上，所以，他爲鹽鐵政策提出另一個辯護，他說：

「上次，扇水都尉彭祖寧回到首都，對鹽鐵制度的施行細則提出報告說，鹽鐵制度的規定法令都實行得極爲明確。鹽鐵制度的施行，雇用的生產工人都由公家供應吃穿，鑄造大量的鐵器，供應了廣大的需要，對人民沒有妨害。但是，承辦官員偶有一二操守不好，不按政府規定行事，使百姓感到不便和痛苦的，是因爲這些不肖官員的緣故。

但是我們從立法原意來看，鹽鐵產業全部收歸公營，不光是爲了政府的財政收入。鹽鐵專賣政策，還可以鞏固農業生產，抑制投機商業；防止人民結幫組黨，消除奢侈浪費的風氣；更斷絕大資本家壟斷社會財富的途徑。

古時候，重要的山區湖池不分封給百姓，就是不讓人民獨占利益。山礦海產的利益，池塘沼澤的生產，都是天地間的自然資源，按道理是屬於天子私人所有，而皇上不願私用，把它撥給政府財政機關（大司農），用來幫助百姓所需。然而，有一些暴發戶和不良份子，想要侵佔山上海底的產出物，藉以發財，剝削其他小百姓；因此，早有許多有識之士建議全面禁止。

鐵器和刀劍武器的供應，對國家極爲重要，不適宜交由一般老百姓來生產。過去一些有財有勢的大家族，得到了礦山海產的利益，開採鐵砂冶煉鑄成鐵器，煮海水製成食鹽。一個家族甚至雇用了一千多工人，大部分是收容流亡和放逐的人民。這些人，離開家鄉，拋棄祖先墳墓，依附有勢力的家族。他們聚集在偏遠的山區沼澤之中，建立了非法的產業；大家族更彼此勾結，成爲互通聲息的組織。他們要做壞事，那是太容易的事。

由此看來，鹽鐵專賣制度是必要的。我們要做的是，盡量吸收操守良好的人才，精挑細選承辦鹽鐵的官員，這樣，不必廢除鹽鐵專賣制度就可以安撫百姓了。」

一位文學站起來反駁說：「扇水都尉所提出的看法，是根據當時的環境實行暫時的措施，不能長久發生效果，也不合明智的統治者管理國家照顧百姓的原則。就好像詩經裏說的：

可嘆啊！這些制定政策的人，
不拿從前的人做榜樣，
不根據最基本的道理，
只聽信那些不可靠的話。

這幾句詩，正是詩人諷刺主管官員不懂治國的原則，却又喜歡提出各種策略。

漢武帝的時候，曾經出兵征服九夷平定百越，多次動員軍隊打仗，糧食不夠支援。因而設立徵稅機構，發行貨幣，販賣官爵，臨時用來彌補財政支出之不足，這都是暫時的政策。現在，陛下繼承了大事業，安撫多年來疲勞困苦的百姓，這正是休養的時候！各行政官員正應該思考如何安頓百姓，如何實行有利的措施，揚棄有害的政策；協助英明的領袖，以仁慈公正照顧人民，共同使國家邁向康莊大道。

然而，我們英明的皇上就位以來，至今已經六年；諸位行政要員從來沒有建議裁減沒事做的冗員，也從來沒有建議罷免投機取巧的人。百姓對皇上抱著很高的期望，你們却把事情的考慮拖得太久了。

幸虧陛下宣佈了一個英明的指示，要各地方推舉出來的賢良和文學，乘馬車到公家的招待所；來討論三皇五帝治國的原理，以及禮樂射御書數的教育方法。我們也詳細分析國家局勢的安危以及政策實施的利弊，看法和意見都表達得非常充分。

然而，你們諸位政府要員，只知道討論爭辯，沒有任何決策，這眞是所謂的『只看細節却忘了最重要的主體；守著小利益却忘了整體的大利益。』」

御史大夫桑弘羊聽到文學提出對政府官員的尖銳批評，忍不住反唇相譏：「關在房子裏的燕子麻雀，不知道天地之間有多高；住在窄井裏的青蛙，不知道長江大海有多大；擺地攤的小生意人，不知道猗頓有多少財富；一般老百姓，不會了解政府高階層的憂慮。

漢武帝衡量從外國而來的利益，估計境外民族的武力，通盤考慮之後，認爲敵人脆弱不難制服，不必太花力氣就有很大的效果。因此，漢武帝利用局勢的變化主動攻擊四方的敵人，拓廣了國家的疆域；他又出兵越過河套，直攻匈奴的老家，可惜任務尚未完成。

從前，文王受命討伐崇國，在豐這個地方建造城市；武王繼承他未完的任務，運著文王的遺體前進，打敗商朝，俘虜紂王，完成了統治者的大事業。魯國大夫曹沫不顧被齊國打敗三次的恥辱，終於收復失土；管仲不理會當時社會對他的批評，終於幫助齊桓公完成霸業。所以，心中懷藏大目標的人不會計較小事情，設計策略的人不會按照世俗常規而行事。我們這些行政官員，心中想的是姜太公謀國的策略，以完成先帝未了的事業；我們的目標是，打垮塞外的匈奴，俘虜單于。所以，我們沒有時間去注意那些象牙塔裏的大道理，或去聽從那些迂腐學究的空理論。」

同樣的那一位文學又站起來反駁說：「燕子麻雀離開鳥巢，就有被老鷹捕食的危險；青蛙離開枯井，就有受毒蛇老鼠攻擊的危險。人的目標愈大，危險就愈大；秦朝李斯、趙高的下場，就是最好的例子。

我們聽說文王、武王受了上天的指示，討伐暴君以拯救受苦的諸侯和大夫；却沒聽說過爲了和夷狄打仗，把全中國百姓搞得痛苦不堪的。只有暴虐的秦朝政府，多次動員全國力量與胡人、越人作戰，耗盡天下的財產供應軍費還不夠用；秦始皇爲自己一個人的目的發動百萬人的軍隊，這種暴政倒是全世界都知道的。

再說，戰爭太多老百姓就受苦，打仗太久軍人就吃不消，這正是老百姓不滿的事，也正是你所謂的『迂腐學究』所憂心的事。」

討論時間

在這一節裏，御史大夫桑弘羊認爲鹽鐵工業由國家經營，是爲了避免資本家壟斷重要產業，制度本身的用意是良好的，但因爲少數不良官吏的舞弊行爲，破壞了制度的功能，你想想看，這個說法能不能成立？

在臺灣，也有少數公營企業效率不彰，頗不便民，受到很多的批評，你認爲，根據你所能得到的資料，這些公營事業的毛病，是來自制度上的缺陷，還是主持官員的不當？

第四章 權力的滋味

商鞅變法的評價

既然提到秦朝，御史大夫桑弘羊自認爲對秦國的興衰歷史很有研究；尤其對秦國崛起的關鍵人物商鞅，桑弘羊更是熟習他的思想與生平，對商鞅的管理哲學與行政方法也自認有獨到的心得。因而，御史大夫話題一轉，便討論起商鞅施政的得失了，桑弘羊首先發言說：

「從前商鞅擔任秦國丞相的時候，在內政方面，他確立法律與規定的權威，嚴格執行刑事處罰，整頓政治風氣和教育制度，使得犯罪和詐欺無法生存。在外事方面，他對礦山池澤的經營所得課稅，使財政收入增加爲百倍；國家富有，人民強健，軍事武器和生產器具都極完備，糧食儲存充足而有餘。

當秦國到達這種富強的狀態之後，商鞅發兵討伐敵人，攻打別的國家，拓廣了邊疆，佔領了新的土地，百姓不增加賦稅，作戰的經費卻得到充分的供應。他的財政政策，使國家的收入源源不絕，百姓卻沒有增加負擔的感覺；把國家的邊境推廣到黃河一帶，百姓卻不覺得痛苦。

從這個例子來看，鹽鐵官賣的利益，可以救助百姓困難的時候，可以供應軍隊所需的經費。鹽鐵官賣的功能是儲蓄財富，以備發生困難缺乏之時的需要，能供養很多百姓；對國家有益處，對人民無害處。這樣，鹽鐵官賣怎麼會使百姓痛苦？怎麼會令你們文學擔憂呢？」

文學當中，也有熟知商鞅的思想與生平的，有一位就站起來發言說：「從前文帝在位的時候，政府沒有鹽鐵官賣所得的利益，老百姓卻很富足。現在政府有了鹽鐵官賣的利益，老百姓卻窮困痛苦，我們看不到這『利益』有什麼利益，反是看到這『利益』是有害處的。

再說，利益不會從天上掉下來，也不會從地上冒出來，還不是都從民間賺取得來的嗎？你說人民不增加負擔，財政收入增加百倍，這不是很壞的算術嗎？這不是很壞的政策嗎？就好像那愚笨的人，反穿皮衣來挑木柴，怕磨損了皮衣的毛，卻不知皮衣的皮倒先要磨穿了。

李子梅子這些果樹，如果今年果實結得多，明年就會少；新的稻米成熟了，可是舊的稻穀也吃光了。自然界資源的供應有其限制，不能夠兩方面都豐富。這個道理，對人類活動來說，豈不是也適用嗎？所以，對一方面有利的，對某一方面必然有耗損；就好像太陽和月亮不會同時發光，就好像白天長夜晚就短了，夜晚長白天就短了。

商鞅制訂嚴苛的法律以增加財政收益，秦國人無法忍受生活的困苦，相聚哭泣怨恨秦孝公。吳起擴充軍隊，對外侵略作戰，楚國人的生活飽受騷擾，相聚哭泣怨恨楚悼王。後來，楚國就愈來愈危急，秦國就愈來愈脆弱。可見，擴張了財政收益，百姓的怨恨也增加；擴張了國家領土，災禍也就隨著來了。怎麼能說：『國家收入源源不絕，百姓卻沒有增加負擔的感覺；把國家的邊境推廣到黃河一帶，百姓卻不覺得痛苦』？這是不合歷史的實情呀！

我們再看看自己，現在，我們內政用的是商鞅的政策，外事用的是吳起的軍事；運輸補給的士卒在路上忙碌，居民的家裏却一無所有；老母哭泣她的兒子，婦女哀嘆她的丈夫。這種社會慘狀，我們文學想要不擔憂，能夠嗎？」

御史大夫反駁說：「秦國任用商鞅執政，國家因而富強，後來終於併吞六國成爲第一個統一帝國。到了秦二世皇帝的時候，不肖官吏壟斷政權，國家的正義喪失了，地方諸侯也離心了，皇帝的宗廟也毀壞了。春秋公羊傳說：『故意把鄭國說輕了，因爲它的賢臣祭仲已經死了。』正可以用來讚美商鞅的成就。

眞正懂得唱歌的人，使別人都跟著唱他的歌；眞正懂得手藝的人，使別人都跟著學他的樣。我們把木頭弄彎接成車輪，這是負子發明的方法；周朝治國原則的建立，那是周公貢獻的力量。如果我們有裨諶這樣擅長草擬政策的人，却沒有子產那樣懂得修正政策實行的人；如果我們有周文王、周武王這樣的聖王，却沒有周公、呂尙那樣的執行政策的人，偉大的事業是建立不起來的。

所以，我們應該說，使秦朝滅亡的不是商鞅，而是後來的趙高；使商朝滅亡的不是賢臣伊尹，而是後來的崇虎呀。」

另一位文學站起來說：「會打地基的人，蓋高樓不會塌下來。伊尹用堯舜的治國原則爲周朝打地基，王位父傳子、子傳孫，國家壽命長達八百年。商鞅用嚴厲的刑罰、苛刻的法令爲秦朝打地基，傳了兩代就亡了。商鞅治國，刑罰已經夠嚴厲了，但他又設立連坐法，鼓勵告密，發明肉刑（割去身上一部分肢體的刑罰），使老百姓活在恐懼之中，不知怎麼做事才對。商鞅的財政，賦稅的種類又多又煩，但他還禁止百姓開發山礦池澤的自然資源，增加財政收入百倍以上，老百姓沒有機會表達意見。

像這樣，只重視利益不講道義，崇拜強權講求效果，不是不能拓廣國家領土；但是，就好像人已經患了水腫，給他更多的水只會增重疾病。你們只知道商鞅爲秦朝開創了兼併天下的事功，就不知道商鞅也把秦朝帶到滅亡的道路上去。鑿得不正的榫頭，就是公輸子那樣手藝精巧的工匠也接合不起來。只有一畚箕土的地基，再好的建築師也不能蓋高樓。就好像，霜凍過的秋天蓬草，風一刮就凋落了，這時候就算有十位子產，又能怎麼樣呢？所以，卽使是扁鵲這樣的神醫，也不能使白骨生出肉來；卽使是微子、箕子這樣的忠臣，也不能使紂王不亡國呀！」

御史大夫桑弘羊諷刺地說：「口裏說的並不難，眞正去做才難。所以，眞正的賢者脚踏實地，做事講究效果，不是寫一些沒用的文章就算了。從前，商鞅對『以利誘導，以禁防堵』的政治技術最有心得。他充分運用當時局勢，爲秦國獲取利益，建立基礎；再以這基礎向外擴張，發兵攻打鄰國，遠的近的都征服了。打敗燕國、趙國，滅亡齊國、楚國，各國諸侯貴族都望著西面來的風而投降了。後來，大將軍蒙恬攻打匈奴，擴張領土千里以上，邊疆推到黃河以北，好像折斷腐朽的木頭一樣容易。這是什麼原因？正是商鞅留傳下來的政策，國家早已整頓改革得很強了。所以，一做事就有利益，一出兵就打勝仗。可見，累積財富的財政政策，正是國家富強的主因。你們建議廢除這些制度，讓百姓任意去搞，眞是沒有看到整個國家的大規劃，却想參與治理國家的大道理。」

另一位文學反駁說：「商鞅『以利誘導、以禁防堵』的政策，不是沒有效果；大將軍蒙恬打退匈奴千里以上，也不是沒有功勞；秦國的聲威遠播全世界，不是不強盛；各國諸侯面西投降，也不是不歸服。但這些，都是後來秦朝滅亡的原因。商鞅的投機政策動搖了秦國基礎，蒙恬將軍侵略千里土地使秦國終於滅亡。這兩個人啊，只知道利益不知道危險，只知道前進不知道暫退，結果自己死了，還連累了大家。這眞是所謂的『近視的智慧，愚人的策略』啊！那有什麼大道理呢？」

御史大夫桑弘羊稍微有些不快，他用了更尖銳的言語反擊文學的說法，他說：「長得英俊美麗的人，常被醜陋畸形的人所嫉妬；有才能智慧的人，常被卑劣下賤的人所排擠。因此，上官大夫才會在頃襄王面前說屈原的壞話，公伯寮才會在季孫面前中傷子路。

商鞅來自平民階級，從魏國入秦國，過了一年就當了秦國的行政首長；他改革法律，加強教育，秦國人被治理得很好。他一動員軍隊打仗，就佔領他國的土地；他停戰休兵，國家就更爲富強。這個成就使秦孝公非常高興，封給他於、商兩個共五百里的地方。

商鞅的成就像山一樣崇高，聲名留傳於歷史；這是一般社會上的人做不到的，所以才會嫉妬他的才幹，而紛紛在他的事業成就中挑毛病。」

一位文學立刻站起來反擊：「君子進入一個事業有一定的原則，退出事業也不會在責任上有所虧損；地位高時不會沾沾自喜，工作努力而不爭求功勞；升任光榮的職位，行爲就更加謙虛；工作有了成就，能更加聽從道理。因而，一般人不會嫉妬他的才能，社會上也不會在他事業成就上挑毛病。

拿商鞅來說，他放棄原則，從事投機，漠視道德，仰賴武力；制定嚴苛的法律，又濫用刑罰，養成殘忍暴虐的風氣。他爲了建立功勞不惜欺騙舊日的好朋友㈠，爲了塑造權威不惜處罰國家的大臣；他對百姓沒有恩惠，對諸侯不講信用；人人心中怨恨他，家族與他結成私仇。雖然他靠著一些功績獲得秦王封爲諸侯，但就好像吃有毒的肉來充饑一樣，終究要嚐到後果。

從前，蘇秦說服六國結盟聯合對抗秦國，同時當了六國的丞相，事業不能說不大了吧？暴君桀王、紂王，和堯、舜一樣留名於歷史，聲名不能說不長了吧？但是錯的事業和壞的聲名沒什麼值得珍貴的。可見，事業不是大了就好，名聲不是傳下去就好，還要看它的實質意義是好是壞呢。」

御史大夫桑弘羊再次攻擊文學的看法說：「放進墨水裏的白布，不能維持潔白；處在亂世裏的聖賢，不能要求秩序，你看，賢臣箕子被捕入獄，忠臣比干慘遭挖心。伍子胥輔佐吳王闔閭成爲霸主，闔閭的兒子吳王夫差却把他放逐並賜死。樂毅在燕昭王的時候得到信任而建功，在燕惠王的時候却受到懷疑。做人部屬的忠心耿耿地盡其責任，却得不到君主的信任。你再看，大夫文種輔佐越王，爲越王設計策略，終於打敗強大的吳國，佔領了東夷；却落了一個賜死的下場。爲什麼？因爲驕傲的君王不管臣子過去的貢獻與忠誠，聽信流言就不施恩惠了。這是君主的不對，那裏是這些大臣本身的罪過呢？」

另一位文學立刻回答：「比干被挖心而死，伍子胥的屍體被包上馬皮丟進河裏，並不是爲了提高聲譽，而故意提出強烈質詢，冒犯了君主。而是，誠摯而忠實的心激動了他們，使他們忘記了外來的危險和災禍，目的在糾正君主救助百姓，所以殺頭也沒有遺憾。

君子只能要求自己做對的事，並不一定能防止外人做錯的事。因而就算被判刑、被殺頭，也不是他們犯了罪。你看，比干被殺了，商朝人都怨恨政府；伍子胥被殺了，吳國人都感到遺憾。這就是民心歸趨的證據。

我們回頭看商鞅的例子，秦國人民痛恨商鞅制定的嚴苛法律，超過了私人的仇恨；所以到秦孝公死了以後，商鞅的靠山倒了，全國上下團結一致攻擊他，商鞅外出逃亡，發現東西南北無路可走（沒有任何人支持他），他才抬頭望天，嘆息說：『哎呀！想不到我的政策之惡毒，竟到了這麼極端的地步！』最後，他還是受了五馬分屍的極刑，他的家族全被殺了，世界上人都嘲笑他。像這樣，這個人根本是殺了自己，而不是別人殺他呀！」

討論時間

反對一個人或一個意見，常常必須追溯到思想的起源，這就是商鞅的歷史評價會成為雙方辯論主題的原因。御史大夫桑弘羊，佩服商鞅的思想與政策，儼然以商鞅的繼承者自居；文學也就從對商鞅歷史價值的否定，來反對桑弘羊現實的政策。

這種的例子在我們現實社會的爭論中也可以看到，譬如反對中共的人，常常必須從馬克思理論的批判建立起基礎；又譬如在報紙上討論經濟政策的專欄文章，常常要提到兩百年前的亞當斯密和半個世紀前的凱恩斯，都是從理論的源頭來否定或肯定一個看法的實例。你想想看，手邊還有那些這樣的例子？

桑弘羊根據商鞅到秦滅六國的歷史，來肯定商鞅變法對秦國富強的貢獻；文學卻從商鞅到秦朝滅亡的歷史，來否定商鞅變法的價值。可以說，桑弘羊是用「短期的」觀點來看政策的效果，文學卻用「長期的」眼光來看政策的後遺症。當然，政策的長短期效果不一定能够客觀地認定，但你能不能舉出例子，在我們社會上的爭辯那些是因為對長、短期的看法不同，所導致的意見分歧？

特權階級的爭論

歷史人物的評價，不容易有一致的看法；歷史事件的因果關係，也很難認定。御史大夫與文學討論商鞅，桑弘羊認爲商鞅的變法，使秦國終滅六國統一天下；文學卻認爲商鞅的苛政，使秦朝無法長久屹立，很快就亡了，這樣的爭論很難得到結果，桑弘羊乃改變話題，想從現實的利害關係來說服文學。御史大夫桑弘羊首先發言說：

「綜觀國內的經濟地理，像越的具區、楚的雲夢、宋的鉅野、齊的孟諸這幾個地區，都是自然資源極爲豐富，足以供養一個國家甚至成爲強權的資本。統治者如果能控制住這幾個地方的經濟利益，勢力就穩固堅強；如果放任不管，政府就會垮臺。例如當年的齊國，把它的重要經濟區域拱手讓人；結果幾個大家族都強盛起來，齊國政府再也無法控制，這就好像樹木的枝葉太大反而折斷了樹幹一樣。這幾個大家族就是因爲壟斷了海底的資源，吸收了魚鹽的利益，擁有龐大的財富。藉着這些財富，他們的勢力可以運用羣衆，可以給部屬很好的待遇，結果齊國內部分裂，成爲外國的附庸。齊國政府的教訓就是：權力落到部屬手中，政權落到大家族手中；政府的地位反而低，田氏家族地位反而高，田家的商隊、船隊的總運輸量高達三千車；這樣，根本都喪失了，枝葉當然也保不住。

回頭再看我們的情形，現在國內自然資源豐富的地區，又不只雲夢、孟諸這些地方。煉鐵業和製鹽業，大部分都設廠於深山礦區，一般人民少去的地方。這些不艮份子在深山海上彼此勾結，恐怕會形成龐大的邪惡勢力。他們倚仗賺來的暴利，驕傲奢侈，破壞善艮民俗，形成欺詐的風氣，老百姓願意努力耕作的當然就少了。看到這個現象的危機，當時的大農鹽鐵丞東郭咸陽和孔僅兩個人，才上書建議：『希望招募民間出資，用政府提供生產設備，製鹽供應民間食用，以防止暴利欺詐的根源。』由此可以看出，禁止私營鹽鐵的立法原意用心何其艮苦，而主持官員的眼光何其深遠呀！」

一位文學站出來反駁說：「主持官員眼光看得遠，但特權階級的利益倒近了；立法原意用心艮苦，但僭越奢侈的情形反而更盛了。

自從新財政政策施行，鹽業、鐵業公營之後，主管鹽鐵業的家族紛紛興起；他們無視國家法律，只顧自己私利，控制礦山池塘，壟斷公營市場，這個問題已不只是魚鹽大商人而已。這些人，拿着國家賦予的特權到處濫用，權力和勢力早已超過當年齊國的田氏家臣之類；他們的勢力比政府首長還大，財富比當年的陶朱公、子貢等人還多。這些人表現在平日生活上，馬車與衣着的華麗超過諸侯王，房屋的建築與裝潢都超過了應有的規格。他們買下成排的房子，把街道和巷子都圍起來，成爲私人的活動區域；他們建造整列交錯的走廊，以供遊覽散步；挖鑿池塘，開闢小徑，供他們狂歡作樂。整日在水邊釣魚，放獵狗捕野兎；學各種花樣，練身體力氣，踢足球，玩鬪鷄，生活享樂奢侈而腐敗。他們的家中養了成羣的歌女，廳堂上奏着各式音樂，堂下則擊鼓跳着巴渝舞；家中的妻子女兒都穿着最好的絲織衣服，就連婢女也穿着細葛或上等麻布。他們的後輩子孫成羣駕着車騎着馬，出入打獵，炫耀他們的用網與射箭的技術。

這種奢靡的生活影響所及，耕種的農夫丢下犁具不願努力，老百姓意與闌珊無心工作。爲什麼？他們辛勤工作，但成果就被特權階級拿去享受呀！特權階級彼此仿效，競相奢侈，程度愈來愈嚴重，這就是老百姓漸漸流於詐欺，不願努力耕種的緣故。」

針對文學所指的特權階級，御史大夫提出另一個看法說：「官位高的人待遇應該優厚，這是自然的道理，就好像樹根長得好枝葉一定茂盛一樣。你看，周文王仁德受人擁戴，他的子孫都因此受封成王；周公輔佐成王治理國家，他的兒子伯禽也因此而富貴。水深的地方魚大，父親有勢力兒女地位就高，這也是一定的道理。春秋公羊傳說：『一條大河可以滋潤千里的土地。』如果一個人的功勞對全世界都有貢獻，難道不能對他的妻子兒女有點好處嗎？

所以，丈夫在政府中很有地位，妻子在家中就很有地位；古時候的原則，也認爲富有是一件美事。孟子也說：『國王與一般人沒有兩樣，但能生活得那樣，是他地位高的緣故。』一般普通老百姓想要和諸侯大臣的子孫相比較，那根本是奢望，就好像跛脚的人想比得上樓季，沒有錢的人想買千金之寶，不都是妄想嗎？」

（按：樓季是上古時候傳說中一位善爬高樓的人）

另一位文學站起來反駁說：「大禹、后稷本來也是一般老百姓，他們看到天下百姓有生活困苦的，就好像是自己把他們推入溝中一樣難過，因而出來輔佐堯帝；大禹平定洪水，后稷教百姓耕種技術。他們兩位對世界的使命感這樣重，那裏是領公家薪水養妻兒而已呢？

擔任公職，領衆多納稅百姓的錢的人，應該照顧老百姓，承擔解決問題的責任。當社會上有一個人沒有工作，或是一個官員不負責任，這都是行政首長應解決的問題。所以，一位君子出來當官，爲的是奔赴使命，而不是喜愛那個地位。他們領國家薪水是爲了結交賢人，不是爲了個人的利益。公叔文子看到賢人就大力提拔，所以被稱爲「文」（有美德的人）；魏成子只把十分之一的薪水供做家用，十分之九的薪水花在交際天下有才德的人，所以被認爲「賢」（有善行的人）。因此，周朝建立後，很多姬姓子孫被分封爲諸侯，天下人不認爲不公平；周公完成輔佐君主的使命之後，被封爲諸侯，天下人不認爲周公貪心。

但現在不一樣了！親戚互相推荐，同一個小圈圈的人彼此提拔；父親在政府機關地位崇高，兒子在家就驕傲自負；丈夫在政府機關位居要職，妻子就在外到處招搖。這些人，沒有周公的德行，却得到和周公一樣多的財富；沒有管仲的功勞，却生活得和管仲一樣氣派豪華。難怪老百姓奢望與諸侯大臣相比較，更難怪跛脚的人想要跑得比樓季還快。」

討論時間

特權階級雖然在每一個社會都存在，但像御史大夫桑弘羊那樣理直氣壯爲特權的合理性辯論，却不多見。桑弘羊認爲，官位高的人對國家的貢獻很大，本來就該享受較特殊的待遇，就算加上妻子兒女也享受一些優待，也是應該的，你贊不贊成這個說法？

事實上，所有特權的存在都有人爲它辯護，只是使用的語言更委婉一點而已；像不久前，有些民意代表認爲他們南北奔跑爲民服務，應該由官方供予機票或特別服務；另有些民意代表要求修改法律，供給他們宿舍，都可以說是這一類型的例子。你是不是也注意到那些事例，事實上就是爲特權合理性而辯護的僞裝？

尊重人才的爭論

聽了文學對特權階級的猛烈批評，其中一部分就是針對御史大夫桑弘羊而發的，桑弘羊臉色雖然維持嚴肅鎭定，但內心已經很不高興；立刻，他針對文學的素質與能力，提出強烈的攻擊，他說：

「天天坐在家裏的人不知道挑東西的辛苦，在旁邊批評空談的人和主持政事的負責人憂心是不一樣的。我們主持政事的主要負責人坐在這全國的心臟位置，諸侯大臣都聚集在此地，而國內國外還有很多困難和問題沒有解決；我們懷着戒愼恐懼之心，好像穿越大河一樣，又好像船隻碰上巨風而沒有停泊一樣。因此，我們負責國家大事的人，日夜都在思考憂慮國家的財政收支，晚上忘記睡覺，餓了忘記吃飯，各種有關的經濟數字永遠在我們腦海裏，各種經濟問題都牢記在我們心中。我們助手部屬的訓練和認識都很有限，不能共商政策，使我們必須獨自爲治國大原則傷腦筋。因此，我們渴望得到諸位文學的指敎，好像期待周公、邵公、高子這些古代賢能之士一樣。這就是御史們在各地方政府辦公之餘，每年要推舉有德行、有學問、有才能的人士，給我們意見和指敎。

但是，今天到此地的賢良、文學共有六十多人，每一位都熟讀六經，在這裏又可以自由思考，任意發言；你們應該解除我們的疑惑，照亮我們的道路呀！然而你們只相信古人的方法，反對所有現代的看法；你們只搬出一些古老的大道理，卻不考慮現代的環境。我想不通，是我沒有能力辨認有才德的人呢？還是你們只會賣弄文辭歪曲事實呢？

奇怪啊，爲什麼有才能的人這麼少見呢？

從那位研究尙書而當了大官的倪寬以來，以及後來我見面或聽聞的文學、賢艮，政府對他們的提拔、禮遇都極爲榮顯，但我倒是沒看到過優秀傑出，而替政府解決困難，建立功勞的人。」

一位文學站起來反唇相譏說：「工藝大師公輸子製作木器的時候，一定先調整好他的尺和圓規，那麼做出來的鑿（ㄗㄨㄛ，木頭上挖成的洞）和枘（ㄖㄨㄟ，木頭上刻成凸出的榫）才能接得恰好。大音樂家師曠指揮樂器合奏時，一定先把六音階都調得標準一致，那麼不管奏宮調還是商調，才能和協動聽。現在有很多工匠，鑿和枘接不攏，就挑尺和圓規的毛病；有很多音樂家，樂器合奏不協，就任意更改音階。難怪做出來的鑿枘歪斜合不起來，奏出來的樂音不能協調共鳴。

眞正好的工匠拿起尺和圓規，就知道怎麼設計和調整；眞正好的音樂家試一個音，就知道音頻。差一點的，是那種等別人試好了做好了，他再來跟隨的工匠和音樂家。所以，丞相曹參每天喝酒，大夫倪寬從不發表意見，却把國家治理的很好。

因此管理大事的人不能用煩瑣的方法，煩瑣就容易亂；同樣的，管理小事的人不能偷懶，偷懶就做不成了。春秋裏有句話說：『一個人的管理方法如果能掌握到大體，他可以做大官；一個人的管理方法如果細碎煩瑣，他只能做個小老百姓。』

社會倫理的支柱動搖了，社會正義與禮節不再運作了，這是行政首長應該擔憂的大事。至於桌上的公文，例行的開會，這是行政助手應該執行的一般任務。尚書上說：『公家機關吸收各種優秀的人才，衆多的官員彼此學習，所有的工作都按時做好，各部門的負責人彼此相處極爲合諧。』這句話是說，每個官位都有適當的人來擔任，每個職員都認眞做事；這樣，各機關的運作都上軌道，每件事都有單位負責；基層公職人員克盡本份，高級幹部管理各單位，而政府首長只要管一般性的原則以及重要事情就可以了。

所以，懂得用人的人不必自己辛勞，只要交付責任就可以把事情做好；光用自己勞力的人辛辛苦苦工作，事情却做不好。像齊桓公把大任交給管仲，他只要聽聽報告，看看成果，這才是用人的高明之處。你看，君子花很多力氣去尋找有才幹的人，運用他們的時候就很輕鬆了，你不能說這些懂得用人的人是懶惰呀！當年周公當宰相的時候，待人謙虛慷慨，對各地的人才都很禮遇，因此他主持的政府機關裏充滿了一流人才，他的門下也有極多聰明有才幹的人。再看看孔子，他沒有特殊身份，也沒有做官，但跟隨他的人才有七十多人，其中任何一位都有擔任行政首長的資格。平民身份的孔子尚且能夠吸收這麼多有才德的人，難道位居政府最高首長的人竟不能吸收天下人才嗎？

今天，以諸位行政首長地位之高，收入之豐，竟吸收不到人才，可見你們沒有掌握到提拔人才的方法吧！

你看，堯帝提拔舜的時候，不但把他當做貴賓，又把自己的女兒嫁給他。齊桓公提拔管仲的時候，不但把他當做貴賓，還把他當做老師來侍奉。以天子的地位卻和平民通婚，堯帝可說是眞正親近賢人了；以諸侯王的地位卻把平民當老師，齊桓公也可說是眞正尊敬賢人了。難怪有才能的人向流水一樣湧到他們那裏去，願意爲他們效命而毫不猶豫。

但是現在當政的高官，沒有人能像燕昭王一樣尊重人才，沒有人能像詩經『鹿鳴篇』描寫的那樣誠心喜歡能幹的人。我們只看到，這些當政的高官嫉妬賢能的人，阻擋他們的表現機會；自以爲智慧很高，隨意批評別人的才幹；對自己的知識很滿意，不知道請敎專家；看不起知識份子，不願結爲朋友。他們只會對賢人擺架子，向有才幹的人炫耀自己的高薪，這種態度，要想得到人才效命，那眞是太難了！」

文學這一席激烈批評當政的大官不尊重人才的話，說得御史大夫桑弘羊半晌講不出話來，面色凝重好像陷入了沉思；整個朝廷的大廳只聽見賢良深深嘆息的聲音。

一位桑弘羊的助手，看見自己的長官不答腔，只好站出來幫忙發言，他說：「姜太公擔任周文王、周武王的宰相，幫他們安定了天下；管仲擔任齊桓公的宰相，也幫他建立了在諸侯之間的霸王地位。可見，有才能的人擔任了政府職位，就會像龍得到水一樣，飛到天空上去。但是，當年賢良出身的丞相公孫弘，爲漢武帝解說春秋，很快地就擔任行政最高首長，地位像周公、召公一樣；權力大到可以指揮萬里，可以爲天下制定標準；他自己也爲了建立榜樣，只穿單色衣服，吃飯只配一個菜，——然而，對治理國家却沒有什麼貢獻。

再看博士褚泰、徐偃這些人，奉皇帝的命令，得到特別的授權，在全國各地奔走巡視，一方面推舉品行優良的人，一方面敎導善良的老百姓。但是，社會風氣並沒有因此改善。

政府要各地方及首長推薦賢良（有才能的人）、方正（誠實正直的人）、文學（有學問的人），破格提拔他們做官，甚至成爲行政首長，這難道不是燕昭王提拔人才，或周文王招徠賢士的做法嗎？但是，我們根本沒看到這些人對國家有什麼建樹或貢獻。可見，這些人根本不是水裏的龍，不是優秀的人才，也不是詩經『鹿鳴篇』裏描寫的那種令人驚喜的賢士。」

一位文學站起來反駁說：「冰塊和火炭不能放在同一個容器裏頭，太陽和月亮也沒有辦法同時照耀人羣。在公孫弘的時候，漢武帝的心思和注意力都集中在四方邊境，以及對外的外交和戰爭；因此，各種策略和戰術都受到政府的重視，荊、楚一帶的武士也受到政府的延攬；擔任軍事指揮官的人很容易就受封爲諸侯王，打勝仗俘虜敵人的軍人也都受到厚重的獎勵，所以勇敢善戰的人就興起了。

後來，長期作戰而無和平，軍隊一支又一支的出征，打仗的士兵疲乏不堪，而政府的財政收入也不夠用了，所以，替國家制定財政政策，增加財政收入的人就出頭了；同時，像姜太公那種人才就退隱不見了。

興利之臣出頭之後，涇河、淮河之間建造了運河，供應首都所需物資的運輸；東郭咸陽、孔僅兩人設立了鹽鐵官賣制度，籌劃各種財政收入；有錢人可以買爵位、官位，免受刑罰，犯罪也可以花錢消災。這樣，政府財政支出愈來愈多，但主管官員也追逐私利；官方也要錢，私底下也要錢，老百姓受不了雙重的剝削，不得不鑽法律漏洞。因而，殘忍的官吏又被重用了，大量使用自由心證與不按法律條文的辦案方法。像杜周、咸宣這一類的人，就是靠從嚴解釋法令來辦案而升官；王溫舒這一類的人，則靠陰險無情地處罰百姓而發達。

在這種時代背景裏，堅守原則輔助君王的人少，投機拍上級馬屁的人多。就算有一個公孫弘，又能怎麼樣呢？」

討論時間

在這一節的辯論裏頭，雙方就不再完全就事論事，許多「人身攻擊」的言辭都出現了。像桑弘羊說：「奇怪呀，爲什麼有才能的人這麼少見呢？」諷刺參加討論的賢良、文學六十多人都不是人才；像文學說：「以諸位行政首長地位之高，收入之豐，竟吸收不到人才，可見你們沒有掌握到提拔人才的方法吧！」諷刺桑弘羊等政府官員不知道尊重人才。雙方提出的批評，其實和對方的意見正確與否都沒有關係，他們只是想從否定對方的價值，來加強自己意見的聲勢。我們是不是也常常看到，周圍有很多實際的例子，爭論的雙方不就理論和事實來發言，却針對意見相反一方的人格與才能提出批評？你認爲，這種方式如果對眞理無益，但對辯論的勝利有用嗎？

註釋

㈠商鞅欺騙舊日好友的故事，歷史上也有記載。商鞅年輕的時候住在魏國，和魏國的公子卬私交很好。後來商鞅到了秦國，爲秦孝公所用；秦國派商鞅率軍攻打魏國，正巧魏國也派了公子卬率領軍隊對抗商鞅。商鞅託人告訴公子卬說：「我們以前本是好朋友，現在兩個人當了兩國的將軍，實在不忍心彼此作戰。請你勸勸你的君主，我也勸勸我的君主，雙方都帶軍隊回去吧。」在商鞅的軍隊要退去的時候，商鞅又託人對公子卬說：「我一回去就沒機會見面了，是不是可以和你聚一下再分手呢？」公子卬回答說：「好呀！」魏國的將士都在一旁勸說不可，但公子卬不聽，就去赴約了，商鞅在宴席上埋伏了士兵，一舉俘虜了公子卬，並且因而大破魏國軍隊。

第五章 孔子的道理有用嗎？

儒家思想的爭論

文學大都是儒家的知識份子，討論問題也常拿儒家的理論做依據；因此，御史大夫這一邊就針對儒家提出批評，想從思想的源頭去否定文學的觀點。一位御史大夫的助手首先發難，他說：

「文學討論問題，動不動就搬出老祖宗孔子來，稱讚他的德行，把孔子捧成從古到今第一聖人，沒有一個人比得上。但是，孔子在魯國、衞國之間修養德行知識，在洙水、泗水河邊教導學生，然而他的學生未必改過遷善，當時的社會也沒有治理得更好，魯國更是急速地分崩離析。我們看不到孔子的道理有什麼影響力。

齊宣王尊重學者、獎勵儒家，儒家學者像孟軻、淳于髡這些人，都拿和政府首長一樣的薪水，不必負擔行政事務，只要討論國家大事；因此，齊國首都稷下聚集了一千多位儒家知識份子。在那個時候，公孫弘並不是只有一人。但是，當弱小的燕國攻打齊國時，一路打到臨淄，齊湣王逃亡，最後悲慘地死在莒城，而這些儒家學者却救不了他。湣王的孫子建王，被秦國俘虜，那些儒家學者也阻止不了齊國的滅亡，跟著被抓起來了。

從這些實例來看，儒家說它的方法能使國家安全，君王榮耀，可從來沒有發生效果呀！」

一位文學出來反駁說：「沒有鞭子，就是造父（古時一位有名的馴馬者）也沒辦法訓練馬匹；沒有皇帝的權力，就是堯、舜這樣的聖人也不能照顧天下百姓。孔子曾經感嘆他身處的時代說：『鳳凰不出現，河流不出圖，我恐怕沒有機會了。』在那樣的環境，就算是最好的馬匹和戰車，也沒辦法跑得快，就算有最好的德行和愛心，也沒辦法貢獻給社會。

齊國在威王、宣王的時候，提拔有才能、有學問的人才，國家因而富強，威望嚇阻了所有的敵國。到了湣王的時候，憑著前兩代建立下來的基礎，南邊攻打楚、淮兩地；北方併吞了強大的宋國，並且控制了十二個小國；西邊打退三晉，並阻止了超強秦國的入侵；與五個當時的大國維持外交關係；鄒國、魯國的國王以及泗水附近的地方諸侯，都向齊國稱臣，聽從他的指揮。然而，齊湣王不斷要炫耀他的強大，齊國百姓受不了長期的壓榨。在齊國的儒家知識份子屢次勸說，都沒有接受，終於各自散去；其中，愼到和捷子兩個人流亡於外，田駢到薛地去，而荀子轉到楚國去。齊國內部沒有優秀的大臣，各國諸侯才逮到機會聯合起來攻打它。到了建王，他聽信謠言，中了反間之計，採用后勝的策略，不和其他國家建立外交關係，終於亡國，自己也被秦國俘虜。這難道不是理所當然的事嗎？」

那位剛才代桑弘羊發言的助手，又站起來說：「伊尹本來是商湯的廚師，百里奚本來在秦穆公車下賣牛，一開始只有接觸的機會，等到君主信任他們之後，才表現自己的能力，使君主成爲霸王。伊尹、百里奚這種一步一步來的方法，君主怎麼會不聽從他們的話？他們的原則又怎麼會不能施行呢？

舉例來說，商鞅第一次對秦孝公講解聖王的原則，發現孝公沒有興趣，商鞅立刻改談使國家富強的方法，終於得到秦孝公的信賴，才有發揮政治理想的機會。鄒衍本來也用儒家理論去勸說當時的君主，發現不得要領後，他才改提出『變化始終』的理論，終於名揚天下。

所以，一匹馬的好壞在於牠能不能奔跑千里，而不在於牠是不是從胡、代等地出產；知識份子的價值在於他能不能達成理想，而不是看他的文章理論。

你們儒家有名的學者孟軻，只知道固守老套的大道理，不知道當時社會的眞實狀況，才會在梁國、宋國之間受困潦倒；你們儒家的祖師爺孔子，只會方不會圓，才會在黎丘一帶窮得連飯都沒得吃。現在你們這些後來的儒者，雖然努力修養道德，但在物質生活上常常短缺；你們每天批評這個世界的不是，理想却從來沒有實現過。從周朝建以來，到現在已經一千多年了，也只有文王、武王、成王、康王四個人，才偶而聽聽儒家學者的意見，而且專撿一些永遠做不到的理想來稱贊叫好，這其實好像跛脚的人能談論遠地的情形却不能去一樣呀！

眞正的聖人不管去那一條路，最後都到達同一個地方；有時走，有時停，目的都是一樣。商鞅改革法律重整教育，目的是爲了使國家富強，使人民有利。鄒衍研究發表『變化始終』的理論，歸結出來的基本原則仍然是仁義。祭仲放棄自已的想法而行權宜之計，是衡量當時環境的緣故。所以，犧牲小堅持而完成大原則，是君子願意做的事。

但你們呢，只知道死腦筋硬梆梆抱著一個空想，就好像尾生一樣不會變通（尾生是上古時候一位講信用的人，和別人約在橋下見面，朋友不來，他却被漲高的河水淹死了）；如果按你們的原則，晉文公爲了尊崇周朝王室而欺騙一下其他諸侯，就是沒價值的了？管仲忍受個人的恥辱而挽救民族文化的危機，也是不值得稱讚的了？」

另一位文學出來反駁說：「伊尹爲商湯工作，是他看得出商湯是位聖主；百里奚跟隨秦孝公，是他看得出秦孝公是有眼光的君主。這兩個人能看出可以成爲霸王的君主，他們的策略就是把自己明明白白地表現出來，而不是暗中進行，盲目地決定事情。孔子說：『名不正則言不順，言不順則事不成。』如果伊尹、百里奚和兩位君主是偶然的接觸湊在一塊，怎麼能完成霸王的事業呢？

君子做事一定根據仁德和道義兩個原則，匆忙倉促的時刻也堅持，困難不安的時刻也堅持。孟子就曾經說：『處在今日的朝廷，不能改變現今的社會風氣，就算成爲擁有千輛戰車的強權，我也不願待上一天。』㊀寧可貧窮沒飯吃，住在破巷子裏，怎麼可以改變自己的原則，跟著世俗潮流轉呢？

闔廬謀殺了吳王僚公，季札就自我放逐到延陵，一直到死都不踏進吳國一步㊀；魯宣公殺了子赤，宣公的弟弟叔眄（ㄒㄧˋ）就隱居起來，不拿魯國政府的薪水。靠不守道義而得到地位，靠歪曲原則而得到特權，這都是君子寧死都不可做的事。我們只聽說，正當的道理不能實現時，君子應該辭職離開；從沒聽說，一個人可以扭曲原則去爭取寵信的。」

另一位桑弘羊的助手御史插嘴進來，用尖酸的語氣說：「論語裏頭說：『對那些親身去做壞事的人，君子是絕不去和他交往的。』這句話說得容易却做不到。像魯國季康子大逆不道，驅逐自己的君主，奪取了政權，而孔子的弟子冉求、子路還做他的部屬。

禮記裏頭說：『男子與女子之間不可以傳遞祭祀的禮杯。』但是孔子旅行到衞國時，因著寵臣彌子瑕的引介，拜訪了名譽不好的衞國南子夫人，使得子路很不高興。彌子瑕，是一位阿諛諂媚的小人，孔子經由他介紹，就不正當。男、女之間不應有交際，孔子拜訪南子夫人，就不合禮節。禮節和行爲正當，都是孔子所提倡的，但他自己還不是把道理扔在一邊去討好人家，怎麼沒看到他辭職離開呀？」

另一位文學迫不及待地站起來反駁：「天下不太平、地方不安定，這是一個仁慈國王所擔憂的事。中央政府沒有適當的皇帝，地方政府缺乏適當的首長，天下動盪不安，這是賢人和聖人所擔憂的事。所以，堯帝掛念著洪水的災禍，伊尹一心擔憂著百姓，管仲曾經入獄被囚禁，孔子在各國之間流浪，都是擔憂著百姓的苦難，希望能夠解決他們的困苦。爲了救助天下百姓，他們甘願背著鍋子盤子做廚師，甘願入獄受囚，甘願在地下摔倒爬行。

追趕流亡的人一定得跑步，拯救淹水的人一定得弄濕衣服，這是沒有辦法的事。現在，老百姓普遍遭受苦難，好像陷在深水溝中，要救這些百姓，又要不弄濕衣服，做得到嗎？」

桑弘羊的助手御史們聽了這些話，都默不作聲，沒有人出來反駁。

討論時間

剛才，文學曾經從桑弘羊的思想源頭商鞅下手，猛烈地批評桑弘羊的政策；這一次，桑弘羊的助手從文學的祖師爺孔子下手，猛烈地批評儒家思想。兩者彼此可以對照參考。

御史們對儒家的批評，幾乎是兩千年來反對儒家思想的共同想法，都認為儒家的理想太高，現實社會根本不是那麼一回事，即使是儒家知識份子自己，也達不到儒家的理想。你認爲，儒家的理想眞的不務實際嗎？御史對儒家思想的批評恰不恰當？觀察一下周圍人士對一個社會理想的批評，與御史們有沒有相同的地方？

開放園圃和池塘

御史大夫桑弘羊看到自己的助手與文學的辯論得不到優勢，批評儒家的思想源頭也未必佔到了上風，他自己忍不住再一度發言，把辯論主題又拉回到現實的政策，他說：

「地方諸侯王把自己的封國當做家，他所關心的事務只在他的領地之內。天子把地理上各個方向的終點當做邊境，他所關心的事務則又廣又遠。相形之下，地方政府的經費很少，而中央王室却必須以極大的開銷來維持政府的運作。因爲這個緣故，政府必須出租公家的園圃和池塘，控制礦山和海底的資源，取得利益來幫助貢輸和賦稅所不足的財政需要。政府也必須修建溝渠等水利灌溉系統，促進各種農業生產，開闢拓廣農牧用地，保存植物園動物園以維護自然資源。所以，成立了太僕、水衡、少府、大農等財政機構，每年按時向農田、牧場的所得課稅，收取借給人民的池塘和禁苑的租金，並在北方邊疆設置監督墾荒的田官等；這些收入全部供作各種財政支出之需，但仍然不夠支用。

現在，你們主張廢去這些制度，斷絕國家財政來源，這種做法將使政府與百姓都感到匱乏，而無法支應所需的費用。我們就算希望削減支出，少做點事，又怎麼能夠呢？」

一位文學反駁說：「古時候，政府管制土地，使人民足以生活；人民生活富足，就能支應政府所需。在這樣的情況下，不管是擁有千輛馬車的大國，還是只有百里領土的小地方，各級地方首長都能得到供給，滿足需求。

到了秦國，它兼併天下所有其他的國家，獨佔世界的資源財富，竟然還覺得財政收入不敷支出，這就不是地方小所以經費少的問題，而是慾望太多而老百姓供應不起呵！

有一句流行的俗話，諷刺王公貴族只顧自己享樂，不顧百姓的生活，說：『王公的廚房呀，吃不完的肉多得臭掉啦，領土裏却有挨餓的百姓哪！王公的馬廐呀，馬一匹比一匹肥呀，馬路上却有快餓死的人哪！』現在貴族們所流行的，養獵狗、馬匹花的錢、養爬蟲、猛獸花的錢，難道不比臭掉的肉食，肥馬的飼料還浪費嗎？政府機關充滿了冗員，很多力氣花在無關緊要的事情上，社會普遍跟隨奢侈腐敗的時髦風氣，對國家沒有貢獻却靠政府提供吃穿的人太多了，凡此種種，都是政府財政收入不夠支用，而老百姓窮困疲乏的原因。

但我們現有的財政政策，不考慮削減不必要的支出，只求增加財源達成平衡；進而設置各種營利事業，公家經營農業牧業，和老百姓搶畜牧的草地，和商人爭奪市場的利潤。這些政策，都不能發揚君主的恩德而幫助國家的進步。

男人耕種，女人織布，這是天下最重要的產業。因此，古時候的制度，分給老百姓田地以安頓他們，使耕田有利潤誘導老百姓充分就業。這樣，農業裏沒有不出產糧食的土地，國家中沒有不參加生產的百姓。

但現在，政府不斷開闢公家的園圃，許多田地、池塘、沼澤都屬於官方；政府名義上得到收取租金的好處，實際利益都進入特權階級的口袋。我們首都所在的附近地區，是高山和河流夾成的閉塞地形，土地很少但人口衆多，加上各地的百姓不斷湧到這裏來，稻米和木材供應都不足夠。但是衆多的公田轉租出去，桑樹、榆樹、蔬菜、水果等的產量都降低了，土地的生產力沒有充分發揮。我覺得這樣的做法絕不是當年老皇帝開放園圃、池塘的原意。

可以轉嫁到老百姓身上的負擔，只有政府的租金和賦稅。租金和賦稅名稱雖然不同，其實質還是一樣的。假如能夠如此，男人的力氣都會充分用在耕種之上，女人的力氣都會充分用在織布之上；農田會因此而發揮生產力，麻布的生產也因此而上軌道，政府和百姓的需要均能供應充足，怎麼會有短缺、困苦的情形呢？」

御史大夫桑弘羊聽完之後，沒有作聲，只回頭看看一旁的丞相車千秋，和自己的助手們。

討論時間

這一節辯論的背景是，漢武帝時，官方沒收很多民地，擴充公家的禁苑和園圃，這些土地經由官吏經手，轉租給人民；經手的官員，常把租金中飽私囊，就是文學所批評的「實際利益進入特權階級的口袋」。人民利用租來的公地，因為產出的作物會被政府及官員抽去不少，農民的生產意願並不高，所以文學批評說「土地的生產力沒有充分發揮」。

比較一下臺灣近年來的土地改革，像「公地放領」和「耕者有其田」的政策，是不是和文學的主張有相互驗證之處？「耕者有其田」之後，單位面積耕地的生產量都增加，和文學在這一節所作的結論比較，是不是也有可以啓示我們的地方？

產業的選擇

御史大夫桑弘羊沉默不講話，看著他的助手御史們，一位御史挺身而出，率先發言，把問題帶到商業與農業對國家好處的比較，他說：

「當年姜太公被封在營丘這個地方，姜太公就率領子弟除去野草，開闢田地，把百姓安頓下來。姜太公發現營丘一帶，土地貧瘠，人口也少；於是他努力發展工商業，訓練婦女的手藝，生產極精緻的工藝品。很快地，鄰國都與它建立貿易關係，財富不斷累積，貨物不斷增加，營丘就是後來的齊國，長久的時間都是很強的國家。

管仲擔任齊桓公的宰相，追隨姜太公的經濟政策，根據情況選擇產業來加強，或者重視農業或者重視商業，依經濟情況而定，因而南邊降服強大的楚國，成為諸侯中的霸主。

現在御史大夫桑弘羊先生，研究並修正姜太公、齊桓公、管仲的方法，制定了統一管理鹽業鐵業的政策，吸收礦山及海底資源的利益，各種財貨的生產也因而增加。因此政府財政經費來源充足有餘，老百姓也不受窮困匱乏之苦；農業和商業兩種利益都得到發展，政府和人民的需要都得到供應。這個成果，是經濟政策的貢獻，而不是只靠種田養蠶，發展農業而已。」

有一位文學，站起來發表不同的意見：「禮和義是國家的基礎，而權力和利益却是政府的毒害。孔子曾經說過：『如果一個君主能夠用禮讓來治國，那他還有什麼困難呢？』伊尹和姜太公以面積百平方里的小地方為基礎，都能使他們的君主成為天下之帝王；但管仲受到齊桓公的完全信賴，以擁有千輛戰車的齊國為基礎，却還不能成為天下一統的君王，這就是他所做的事情錯了。所以，管仲的事業和聲名都失敗了，他的政策也未能奏效。

管仲那個時代，各個諸侯王都不重德行，互相爭奪現實的利益，所以必須用權力和策謀來彼此威脅。但現在天下已經完全統一，合起來成為一家人一樣，為什麼要採用投機利益的產業？爲什麼要散佈奢侈浪費的風氣？

御史大夫桑弘羊先生，用他精密的計算頭腦，規劃國家的財政，連結各地方首長，施行酒的專賣制度；東郭咸陽和孔僅則設立了鹽鐵專賣制度，再加上江充、楊可等各有聰明的念頭；桑弘羊先生和這些人分析商業利益的取得，都是精密之極，眞可以說是一絲一毫都不會漏掉的了。管仲設立『九府』課徵山礦和海產所得之稅，那裏能夠和桑大夫相比呢？然而，我們的國家更蕭條窮困，城市經濟已經崩潰。可見，不重視仁義，就沒有辦法教育老百姓；不全力發展農業，就沒有辦法使國家富強。」

剛才發言的那位御史，看了看周圍的朝廷大官，鼓起勇氣又說：「水獺（ㄊㄚ）一來，池塘裏的魚就要到處逃命；國家有堅強的敵人，所有的百姓都要刻苦一些。你看，茂密的森林底下長不出豐盛的草，土地與土地之間長不出美好的稻子。治理國家的原則，就是要先消除那些惡勢力和不良份子，使老百姓能夠均富而且彼此平等，生活裕足安守本份。

當年，廷尉張湯整理並解釋各種法律條文與行政命令，確立法治成爲全國遵行的標準；消滅社會上不法的壞份子，除去彼此勾結欺負百姓的地頭蛇；使得國內治安良好，有勢力的人不敢欺負沒有勢力的人，人多的團體不敢欺負人少的團體。

御史大夫桑弘羊先生訂定各種謀略政策，規劃國家的財政，把全國鹽業鐵業的利益收歸國有，避免爲大企業家所壟斷；官位可以花錢買到，犯罪也可以花錢消除；使有錢的人多出錢，彌補窮人的不足，這樣，所得重分配的結果，老百姓財富就平均了。這就是爲什麼，國家動員軍隊東西討伐作戰，老百姓稅負不增加而國家財政支用還足夠的緣故。

這樣看來，財政的盈虧計算，只有大智慧的人才能了解，一般人是無從明白的呀！」

另一位文學挺身出來發言說：「扁鵲（一位上古中國的名醫，發明把脈看病的方法）一摸人的脈搏，立刻知道疾病發生在人體什麼地方。他治病的方法是，人體內陽氣太盛的時候，就施藥壓抑陽氣而培養陰氣；人體內陰氣太盛的時候，就施藥壓抑陰氣而培養陽氣，使人體內氣脈完全調和，病因就無法存在了。

愚笨的醫生不懂人體血管的分佈，也不懂的氣和血的分別，隨便針炙，對病情毫無幫助，只是刺傷皮膚肌肉而已。

現在我們的政策，要壓抑有錢人，彌補窮人，但就好像愚笨的醫生不懂病理一樣，結果只使得有錢人更有錢，窮人更窮。我們的法令嚴格、刑罰很重，本來是要防止不法，禁絕暴行，結果不法之徒並不減少。我認爲，這些政策顯然不像扁鵲針炙下藥那麼正確，才會使老百姓得不到安定的地方。」

另一位御史在一旁插進來說：「周朝剛建國的時候，全國共有一千八百個諸侯分封的小國。後來強國吃掉弱國，大國佔領小國，結果合併成六個強大的諸侯國。這六個國家彼此爭吵打戰長達數百年，一方面要與中國內部的其他諸侯國爲敵，一方面還要抵抗外來民族的侵略。你看，六國的軍隊從無休息，征戰從未停止，但是它們的軍隊還是得到了足夠的補給，政府倉庫的財貨糧食還是很充裕。

現在以我們統一的大漢帝國，國家的財富加上各地方政府的納貢，不是當年齊國、楚國、趙國、魏國這類小國家的積蓄和庫藏所能比的。如果仔細計算規劃糧食和財產收入，即使是緊急的時候，也不應該有短缺不足的情形呀。但如果政府的各級財政官員通通親自下田耕種，效法后稷的精神，軍隊出去打仗政府財政就無法負擔了；這不是自然界的資源不夠，你所謂的針炙下藥正確與否，平均人民財富，救助貧窮百姓，這都不是問題所在。

御史大夫桑弘羊先生當年擔任治粟都尉並兼管大司農的職務的時候，用他的財政政策來『針灸』，疏通社會經濟的滯疑，打開國家財政的血脈，使所有的貨物都能順暢流通，政府得到更大的實質利益。在那個時候，國家正與四面的敵人打仗，武器運輸的費用，作戰勝利的獎賞，花費都用億萬來計算，全靠大司農的財政收入供給。桑大夫豈不是有扁鵲一樣的治病功力，鹽鐵政策豈不是造福社會大衆嗎？」

剛才發言的那位文學再度出來發言說：「邊疆地區不是高山就是深谷，自然環境的陰氣和陽氣並不調和，嚴寒的天氣使土地都凍裂了；狂風肆虐，鹽分太重，地面上遍佈沙丘和碎石，這種土地根本不能作任何用途。反過來看，我們中國，位居天地的中央，自然環境的陰氣和陽氣最調和的地方，太陽和月亮運行的軌道經過中國的南方，北斗星和北極位居中國的北方；所有氣候與自然條件都極協調，可以生產各種自然作物。

但是，我們政策却是放棄中國土地的耕作，去侵略邊疆地帶，大量拓廣寒冷貧瘠長不出東西的領土；這好像是一個人放棄水邊肥沃的沖積平原不耕種，却去高山上沼澤裏開闢稻田一樣可笑。

把政府倉庫裏的糧食，和國庫裏的錢財運到邊疆，供給在邊境作戰墾荒的軍隊和移民。國內的同胞被繁重的賦稅壓得喘不過氣，邊境的軍民對防不勝防的游牧民族攻擊感到苦不堪言。邊疆移民的墾荒，耗費大量勞力耕作，也不適合種植稻米，桑和麻也無法種植生產，必須仰賴國內供應絲布，才有衣服可穿，皮衣毛衣的數量，也不夠所有的人穿用。結果，夏天還穿雙層的厚衣，冬天却因不足禦寒而不敢踏出門外，父子夫婦都躲在狹小的房屋和土窖裏頭。國內和邊境百姓都窮苦困難，這算是什麼扁鵲的治病功力？鹽鐵制度又那裏造福了社會大衆呢？」

討論時間

在這一節裏，御史們認爲，一個國家應該根據需要，選擇最有利的產業；他們舉姜太公發展工商業的例子，證明強國要有策略，不能只重農業。文學認爲，農業是一個國家的基礎產業，不先全力發展農業，其他都不能談。

臺灣的經濟條件和姜太公的營丘是很像的，地方旣小資源又少，漸漸發展成一個以國際貿易立國的國家。近些年，有人主張放棄鋼鐵工業、石化工業等能源密集的產業（因爲石油日貴，而臺灣不能自產能源），全力發展進口替代工業和其他精密工業；也有人擔心，一旦放棄鋼鐵、石化等基礎產業，臺灣的經濟會不會完全受制於他人？或者在戰時，發生不利的影響？

這個產業選擇的問題，和二千年前的爭論有什麼不同？你對基礎產業和有比較利益的產業之間的關係，看法如何？

註釋

㈠ 在現在通行的「孟子」裏，只能在告子篇下找到類似的句子：「由今之道，無變今之俗，雖與之天下，不能一朝居也。」意思是說，照現在的方法去做，不去改變現今的社會風氣，就算把天下給了他，也不見得能支撐上一天。「鹽鐵論」這裏文學所引的話，不太一樣，意思也不太相同，只有翻成目前這個意思，才能連貫上下文。

㈡ 季札不入吳國的典故，有一個動人的故事。話說吳國國王壽夢有四個兒子，老大叫諸樊，老二叫餘祭，老三叫餘昧，老四叫季札。季札年紀雖最小，却最有才幹，父親壽夢想讓他繼承王位，兄弟也都喜歡他，願意讓他當國王。但季札謙讓不可接受，壽夢就把王位傳給長子諸樊；後來諸樊把王位傳給弟弟餘祭，而不傳兒子，希望通過兄傳弟的秩序，最後讓季札當國王。

等到老三餘昧死時，要傳位給季札，季札却逃到國外避開王位，結果餘昧的長子僚公就當了國王；季札回國之後，也遵從僚公爲王。

季札的大哥諸樊有一個兒子叫闔廬，闔廬對僚公繼承王位的事情非常不服氣，他認爲諸樊傳位於弟，是爲了最後讓季札當國王，如果不是這樣，就應該由闔廬來繼承王位。因此，闔廬派了一個刺客叫專諸，把匕首藏在煎好的魚裏頭，呈給僚公時順手把他殺了。

闔廬想把王位讓給季札，季札不接受，他說：「你殺了國王，如果我又接受了王位，那就變成我和你是一起篡位的了。你殺了哥哥你如果我又殺了你，那麼這父子兄弟彼此殘殺，就永遠沒完沒了。」因此，季札就流亡到延陵，一輩子不再踏進吳國一步。

第六章　拓廣領土的爭論

不了解政策

文學批評了政府開拓領土，移墾邊疆的政策，認爲耗費力氣，而收穫極不划算。桑弘羊的助手御史們認爲，這個看法完全不了解政策的基本意義，也不了解這個政策所產生的國家利益。剛才發言的那位御史再站起來，針對文學的看法提出反駁，他說：

「我國內部地區人口衆多，擁有的飲水和牧草等資源不能滿足所有的需要；加上氣候暖和濕氣較重，不適合養牛養馬（馬和黃牛都喜歡乾燥陰涼的氣候）。老百姓用脚踩犂來耕田，用肩膀挑擔來運東西，花的力氣多，效果却不好。生產力不高的結果，老百姓普遍窮困而衣食不足，老人小孩在街上辛苦地拉車，政府高級官員有的也只能坐牛車。

自從漢武帝征服百越地區，把它當開闢成果園菜園，打退羌、胡民族，把他們的地開闢成畜牧區域。因而各種珍貴稀奇的寶物都堆在宮庭裏，各種最好的野馬駿馬都養在馬廐裏；一般老百姓也都能騎著好馬，橘子柚子都吃膩了。由這些事實來看，邊疆領土的利益很高呀！你們還批評說『算什麼造福社會大衆』，根本是不了解政策的意義呀！」

一位文學站起來回應說：「大禹治平水災，規劃了九州的生產秩序，各地方的百姓都以當地的產物呈獻給政府，供宮庭和帝王生活之所需。中國有萬里的肥沃土地，山上水底的資源都很豐富，足夠讓百姓過充裕的生活；不需要靠佔領外邦民族的土地，取得遠地的物資才能夠供應。

他們聽說，當年還未征伐北方匈奴和南方越地時，徭役和賦稅都很輕，老百姓生活得很好，穿得暖吃得飽，存新米吃舊米，布絲都夠用，飼養的牛馬更是成羣結隊。農夫利用馬匹來耕田、拉車，老百姓也都騎馬代步；在那個時候，馬匹是走在農田之上，專作耕種的用途。

到了後來，軍隊動員出征多次，戰馬消耗得厲害，來不及補充，連母馬都拉去軍隊使用，所以小牛、小馬會在戰場上生產下來。

家裏不飼養各種牲畜，田裏不種植各種稻穀；老百姓連米糠飯都没得吃，怎麼會有吃膩了橘子柚子這種事？經書上面說：『一個地方經過一場大戰，社會經濟在幾代之內都無法完全恢復。』現在，我們所看到的情形是，各地方郡國有很多農田荒廢而没有人種，有很多城市裏的房子空蕩蕩没有人居住。你們說邊疆領土的利益很高，在那裏呀？」

一位御史向文學提出另一個尖銳的問題，他問：「按照古時候的制度，一百步的田算做一畝，人民根據井田的規劃而耕種，十分的力氣有一分要花在公田上。按照道義，老百姓應該先爲公田出力，再爲自己的田地賣命，這是一國國民基本的義務。以前的老皇帝（指漢皇帝）同情老百姓的窮苦，吃不飽穿不暖，他把制度改成二百四十步算做一畝，稅率改爲三十分之一，稅的負擔算是極輕的了。但是，有些懶惰的老百姓不努力耕種，還搞得自己挨餓受凍，只能說是活該！

這些老百姓不犂田就想播種，不播種就想有收穫，他們的貧困是自己造成的；

鹽鐵制度那裏有什麼過錯呢？」

另一位文學針對御史的質問，提出反駁，他說：「古時候十分取一分的稅制，課徵的是人民的勞力。至於田裏收成的豐盛還是蕭條，稻穫品質是好是壞，政府拿到的和老百姓一樣。當老百姓收成不好的時候，政府公田的所得也不會好；當老百姓收成豐盛的時候，政府得到的也不會少。所以說，十取其一的制度，是天下最合理的制度。

現在我們的制度，雖然收三十分之一的稅，但稅率是根據田地的面積硬性規定的；遇到好年多稻米的生產特別豐盛時，稅負就比三十分之一還輕了；遇到壞收成農民糧食不夠吃的時候，稅負還是要繳足那麼多。再加上人頭稅、徭役等負擔，實際一個人的勞力，政府要徵去一半。農夫不但把耕種所得都繳出去，有時還要借錢來貼補。這就是爲什麼，老百姓不斷加重力氣去耕作，仍然搞得自己挨餓受凍。

建築城牆的人，一定先把城基建得很寬很厚實，才慢慢築高；照顧老百姓的人，一定先讓老百姓的生產富足了，才要求政府的收入。論語裏頭有句話：『百姓的生活都富足了，君主怎麼會不富足呢？』表達的就是這個道理。」

剛才提出質問的御史，又站起來發言說：「從前在戰國時代，各諸侯王彼此打仗，競爭強權，軍隊作戰從未停止；但是農民在田裏仍然可以安心耕作，繳納十分之一的稅，並沒有不守本份的情形。現在，多虧我們皇上的仁德和保佑，我們的軍隊已經很久不必作戰了；可是，老百姓並沒有全體在農田努力耕作，每個家庭都按人口給他們田地，生產却還短缺；政府不得不提出官方倉庫的存糧來救濟沒飯吃的百姓，結果窮人愈來愈多，都是依靠官方救濟而愈來愈懶惰的緣故。

這樣，連皇帝也吃不消，反而變成皇帝替老百姓辛苦工作了。但是，老百姓並不感恩，却還沒有責任感地逃到遠方，拋下了政府交給他應盡的義務。老百姓之間彼此感染，耕種的田地愈來愈少，又不肯繳稅，還企圖對抗政府機關，這還得了啊？君主就算想要富足，那有百姓給他富足呢？」

聽到御史對流亡的老百姓這樣嚴厲的批評，一位來自鄉間的文學忍不住站起來，語氣激動地說：「樹木常常移植就會枯萎，蟲獸常常遷移也會衰弱。『塞外來的馬總是期望北風吹來，空中的飛鳥總是飛往牠的老巢』，馬匹和飛鳥，也都思念牠們生長的地方。從這個道理來看，老百姓怎麼會爲了避開政府交給他的義務，而喜歡逃亡呢？

不久之前，軍隊多次派出去打仗，經費不夠，只有從目前的老百姓身上增加課稅，負擔再度落在一般農民身上，所以老百姓才會不全體在農田努力耕作。大部份的逃稅情形，都是有勢力的大財團；主管官員怕得罪他們，不敢嚴格稽核，只好回頭再壓榨小老百姓。小百姓被逼不過，只好丟棄家園，逃到遠地去。貧農逃得差不多了，負擔又落在中等家庭身上，中等家庭也不得不流亡了，晚逃亡的人常替先逃亡的人吃苦受罪。一般有戶籍的老百姓屢次被不肖官吏欺負之後，彼此模仿，從官吏苛刻的地逃到比較輕鬆的地方的人愈來愈多。經書上不也說：『一個照顧百姓的政府，人民拼死也要維護它；一個欺壓百姓的政府，就是父子離散人民也要逃掉。』這就是爲什麼田地會逐漸荒廢，城市人口會不斷減少的原因。

照顧百姓的原則，一定要驅除人民的痛苦，配合他們能夠滿足的條件；要儘量安頓百姓不要干擾他們，要小心徵用百姓不要累苦了他們。這樣，老百姓就會努力耕作，樂意納稅。如果能夠做到這一點，政府就無須要求人民，人民無須依賴政府，人民與政府彼此奉獻，人民讚揚政府的聲音就出現了。這樣，政府向人民拿東西，人民不會怨恨；政府要人民出勞力，人民不覺得痛苦。像『靈台』㊀這一首詩所描寫的境界，百姓主動爲周文王工作，不需要政府指使。如果能夠達到這個境界，君主還不豐足，那怎麼可能呢？」

另一位御史站起來反駁說：「古時候的人十五歲進太學，同時就要服『小役』（簡單的義務勞動）；廿歲行冠禮就算成人，就要負擔『戎事』（服兵役）；五十歲以上的人身體還很健康，我們稱爲『艾壯』（白頭壯年）。詩經中有一句詩說：『方叔的年紀很大了，但他的謀略還是極爲英勇。』當時商朝的軍隊多用年輕人，部隊一行進看起來白茫茫一片；周朝的軍隊却有很多老人，部隊一行進像是墨鴉鴉一片。可見，當時老百姓勞役的年限是很長的。

現在，皇上體恤百姓，儘量放寬勞力的征召，二十三歲才開始服勞役，五十六歲以後就免了，這樣，年輕人可以得到訓練，老年人可以得到休養。平常時候，少壯的人耕種田地，年老的人照顧菜園；大家節約力氣，按季節耕作，絕不必擔憂吃不飽穿不暖。但現在，老百姓不照顧自己的家庭，却抱怨政府的不對，這不是很荒謬嗎？」

一位文學立刻站起來反駁他的看法，文學說：「十九歲以下的人死了，我們稱爲『殤』（音ㄕㄤ），因爲他們還沒成年。廿歲行冠禮就算成年了，卅歲娶了妻，就可以服兵役了；五十歲以上的人，我們稱爲『艾老』（白頭老人），政府不再徵召服勞役，讓他在家拄著拐杖，照顧幼兒並且休養晚年。在鄉里中的節慶宴酬，按照風俗要給老人特別不同的好菜，表示尊敬老人的意思。所以，老人要給他吃肉，給他絲織衣服穿，給他拐杖走路。但是現在，我們社會上五十歲到六十歲之間的人，還和兒子、孫子一起受徵召，推車子運輸糧食，並且還要服勞役和義務勞動，這絕不是讓老人休養的原則呀！

古時候家裏有了大喪事，政府三年之內不徵召那個家庭的孩子，以便讓他們克盡孝道，安撫他們哀傷的心靈。君子最希望能夠完全表達情感的時刻，難道不是父母親的逝世嗎？然而，今日的徵召制度完全不顧這些人，偶而家有喪事的人，臨時脫下喪服去服兵役，這樣實在不是照顧百姓、鼓勵孝悌風氣的做法呀！

當年周公抱著年幼的周成王，處理全國的政務，他的恩惠遍及海內，各地方的人民都蒙受德澤，老百姓感激他的關懷照顧，也都得到安定工作的地方。詩經上有一句詩描寫周公的功德說：『從白天到夜晚，他默默地發散德行，奠定國家的基礎。』我們皇上現在年紀還輕，主要政事都要委託各級首長輔佐；可惜政治和教育不能夠平均，所以老百姓才會批評政府啊？」

御史們聽完這段話後，都默不作聲，沒有人再出來發言。

討論時間

在這一節裏，桑弘羊的助手御史認爲，老百姓挨餓受凍是自己不努力耕種，與鹽鐵政策的施行無關；文學則認爲老百姓不管多麼努力耕作，在當時的政策下不可避免地要挨餓受凍。

實際從事政策規劃的人，往往只看到他想看到的政策結果，而看不到政策所發生的其他副作用；一般老百姓則對政策的副作用最爲敏感，對政策所發生的利益反而身受而不察。這種心理現象普遍在於社會當中，譬如通貨膨脹時調高利率的政策，政策的規劃者只注意利率提高是否抑制了通貨膨脹的惡化，卻看不到高利率對生產事業的打擊，以及邊際廠商倒閉的慘狀。反過來，民間企業界只感覺到高利率的沉重負擔，不會去考慮如果高利率遏阻通貨膨脹，是否也帶給他利益。

文學與御史的爭論，我們也許不能確切知道真正的實情在那一邊，但我們可以從這些對立的主張中，得到觀察一個政策施行利弊得失的啓示。

要不要拓廣國家的領土？

御史大夫看自己的助手也默不作聲了，這場辯論豈可這樣氣勢弱於人家？桑弘羊自己振作一下精神，針對文學認為邊疆軍民花費太多國家經費這一點，提出尖銳的攻擊，他說：

「眞正的聖王照顧所有的百姓，沒有任何偏私；不因爲某些人靠近他，他就多施一點恩惠；也不因爲某些人離得遠，他就遺漏了關懷。你看，我們每一位都是皇上的人民，每一位都是皇上的臣子，如果我們生活的安全危險、工作的辛苦輕鬆並不公平，難道不該調整一下嗎？你們只計較邊疆軍民如果耗費，而不考慮這一點，眞可以算是愛挑毛病了。

現在，邊境的居民生活在寒冷貧瘠的地方，面臨強悍塞外民族的威脅，烽火警報一發動，隨時有被殺死的危險。邊疆百姓打了無數的大小戰役，而中國內部的同胞放心安睡，就是靠邊境地方做保護呀！詩經就有一首批評社會不公平的詩說：

『這些難道不是國家的大事嗎？爲什麼辛苦都落在我頭上呢？』

所以，眞正的聖王擔憂四方邊境，內心非常痛苦，不得不發動軍隊，打退北方的胡人和南方的越人，把敵人趕跑，使災害不再發生；因此，就必須分攤一些國內多餘的財富，來補助邊境地區不足的經費。邊疆地區如果強而有力，中國內部就會安定和平；中國內部安定和平，老百姓就可以愉快度日沒有厭煩事情。這樣，你們還有什麼好要求的？爲什麼不閉嘴呢？」

一位文學站起來反擊說：「古時候，天子住在天下的正中央，他的管轄區周界不過才一千里；其他各個諸侯國，領土也不擴展到不長糧食的地方；『禹貢』所記載的，也不過才五千里。人民各自供應他們的君主，諸侯各自保衞他們的領土；因此老百姓享受平等、和諧的生活，徭役並不會太過吃重。現在呢，我們佔領了北方胡人、南方越人的土地數千里，那裏的道路已經非常崎嶇難走，軍隊的士兵也已經疲憊不堪。所以，邊疆的百姓才有殺頭的危險，中國內部也有很多出征的士兵陣亡不歸，這就是老百姓爲什麼吵吵鬧鬧而不願閉嘴的原因。

治理國家的基本原則，應該從中央漸漸擴及外圍，從最靠近的地方做起。附近的百姓都擁護政府時，才安撫遠方的居民；國內的百姓都生活充足時，然後才照顧境外的居民。因此，當部分大臣建議在輪臺屯田時，我們英明的皇上就沒有同意，認爲先解決目前的緊要問題，才是基本使命；所以皇上下詔書說：『目前最重要的問題在於，禁止官吏虐待百姓，以及禁止官吏任意向百姓課稅，而努力發展基礎的農業。』

你們擔任行政首長的，應該體會皇上的意思，建議削減不做事的政府冗員，並幫助老百姓的困難。但是，你們一點也不關心國內的蕭條，只想拓廣領土；我們認爲，土地太多反而無法耕種，播種太多反而無法翻土，花費這麼多力氣反而得不到效果。詩經裏頭有兩句詩說：

「不要耕種大塊田地呀，
茂盛的野草陳不完喲！」

指的就是這個情形吧？

針對拓廣疆土的政策，御史大夫桑弘羊又提出解釋說：「商湯和周武王的討伐，並不是因爲好戰的緣故；周宣王拓廣領土一千里，並不是因爲貪心的緣故；他們都是爲了消除內亂和外敵，使老百姓能夠安定生活。因此，君子不發動沒有用處的戰爭，聖王不貪得不能生產的土地。過世的老皇帝（指漢武帝）本著湯、武的精神發動部隊，平定西方、南方、東方三邊的危難，然後對抗北邊一方的強敵；匈奴被打退以後，武帝根據河山的地形佈署防守據點。所以，他放棄了鹽分太重、沙石太多、長不出作物的土地，放棄了地形太不利的縣份，並放棄了造陽一帶的地方給匈奴。武帝的防守佈署，廢棄了長城的要塞，而佔據黃河的戰略位置，只守衞最緊要的據點；這樣，省下很多兵力，同樣可以保衞人民，百姓的勞役也就輕鬆。從這些事實來看，老皇帝的用心，絕對不是只想擴張領土，不顧百姓辛勞的情形。」

一位文學也針對拓廣領土的政策，提出批評說：「秦朝政府用兵，可說是到達極致了；蒙恬拓廣領土，已經是夠遠的了。但是，我們現在已經越過了當年蒙恬建立的要塞，在敵人的領土上建立了郡縣，我們的疆土愈擴大，老百姓就愈苦了。在朔方以西，長安以北，這些新闢的郡縣所花費的民力，這些邊疆的城塞所耗去的金錢，算都算不清啊！

不只是這樣而已，司馬相如與唐蒙開闢通往西南夷的道路之後，四川一帶的老百姓就因爲政府拓廣卭、筰（今西康省境內）的土地而疲憊不堪；政府跨海攻打南夷，發動船隊出擊東越，荆、楚一帶的老百姓爲了新闢的甌駱（今越南境內）而痛苦不堪；左將軍荀彘東征朝鮮，開拓臨屯，燕、齊一帶的老百姓因爲支援新闢的穢、貉（今韓國境內）而窮困不堪。加上張騫從事與偏遠國家的外交關係，進口許多没有用的東西，而國家公庫的財富却大量流到外國。——這些花費，都遠超過你們所說的，放棄地形不利據點省下的費用，放棄造陽縣份省下的兵力。

從這些事實可見，這不是老皇帝的本意，而是那些多事的官員替政府籌謀策略，超過限度了！」

御史大夫桑弘羊聽到文學再度諷刺他的政策，尤其是對放棄地形不利據點及造陽縣這件事，文學的辭鋒更是尖刻，他聽在耳裏極不是滋味，立刻針對文學的出身背景，提出猛烈的反擊，他說：「擁有管仲那樣大智慧的人，不會永遠做一個被人呼來喚去的小官；擁有陶朱公那樣的眼光的人，不會永遠生活在貧窮之中。你們這些被推舉爲文學的人，只能說却不會做，地位低却喜歡批評上面，自己貧窮就駡有錢人不對，愛說大話自己却又做不到，愛唱高調自己却儘做些見不得人的事；他們對人對事的批評、稱讚和討論，無非是想在當時社會上出出鋒頭，增加知名度。

拿薇薄薪水的人根本没有資格討論政府的管理，家裏没有幾點儲存的人根本没有資格規劃政策。儒家知識份子大都是窮光蛋，連維持基本禮貌的衣服帽子都不完整，又怎麼能夠懂得國家的政事，以及政府的政策呢？又怎麼能夠懂得放棄地形不利據點和造陽縣這些軍事策略呢？」

一位文學站起來，對御史大夫桑弘羊侮辱儒家知識份子的理論提出反駁說：「地位低並不損害一個人的智慧，家貧窮並不阻礙一個人的品德。顏淵家裏好幾次窮得沒一粒米，但我們不能不承認他是個賢人；孔子的道理沒有得到政治家的支持，並不因爲這樣，我們就不承認他是個聖人。如果我們一定要根據外表來推舉人才，根據財產來提拔人才，那麼姜太公只好一輩子動刀殺豬，甯戚也只好一輩子賣牛，休想得到施展政治才能的機會了。㈡。

古時候的君子，嚴守原則來建立他的名望，訓練自我以等待他的機會；不因爲貧窮就改變了原則，不因爲地位低就放棄他的理想，仍然根據仁義來處事待人。像那種看到錢財就想貪取，看到利益就不顧正義；利用不正當方法而成爲有錢人，放棄自己的名譽而爬上高位，這都是君子絕不做的事。所以，曾參、閔子不肯拿他的仁德去換晉、楚的財富，伯夷不肯拿他的行爲去換諸侯的地位，然而，齊景公有一千輛四馬拉的馬車，他的名望却不能和上面這三個人相提並論。

孔子曾經說：『顏回這個人眞好呀！一碗粗飯，一瓢白水，住在破落的巷子，一般人不能忍受這種困苦，顏回却毫不影響他的自得其樂。』可見，只有那些有仁德的人才能不在乎過的是貧困或者快樂的生活；而小人，有錢了就對別人凶惡，貧窮時就不檢點行爲了。楊虎曾經說：『追求仁德的人不會有財富，追求財富的人不會有仁德。』因爲，一個人如果把利益放在正義之前，他貪取財富是不會有滿足的一天。

這就是我們現在的社會現象，政府首長累積了億萬的財富，高官累積了千金的財富，小官也累積了百金的財富；每個官員都爲自己的私利斂聚財富，結果當然是百姓生活又寒冷又可憐，在路上四處流亡；在這樣的情況下，儒家知識份子又怎麼能夠獨自維持衣服帽子的完整呢？」

討論時間

在這一節的辯論，文學提出一個極有趣的觀念，反對一般人以爲「國土愈廣愈好」的看法，認爲領土的拓廣如果代價太大，就不如不要。御史大夫桑弘羊則認爲打退匈奴，佔領土地，是爲了取得有利的緩衝戰略區域（這個觀念和以色列佔領西奈半島不肯歸還埃及所持的理由一樣）。

文學提出的觀念其實並不是從軍事戰略的角度來討論的，而是整體的一般性原則。他們認爲，如果擴張領土的壞處超過好處，政府就應該放棄。英國在第二次大戰以後，漸漸開明地放棄它的殖民地，協助殖民地獨立，共同組成大英國協，這樣，不但減少了對抗民族運動的代價，還可維持貿易上的利益，做法上有點接近文學的主張。對軍事上和政治上有關領土擴張的各種主張，你認爲何者比較實際？綜觀中外歷史有那些例子和領土擴張的政策得失有關，可供我們參考？

爲什麽我窮你富？

文學強調儒家知識份子的貧窮，是來自他們堅持原則的緣故；文學甚至提出陽虎的話，認爲追求仁德的人不會有財富，追求財富的人不會有仁德，等於暗地諷刺御史大夫桑弘羊不可能是個有仁德的人。桑弘羊大夫聽了這話，當然不能不爲自己辯駁，他便把自己起家的經歷和基本想法大致說出來，他說：

「我從綁了頭髮進入學舍開始，十三歲時，僥倖當了宿衞，在皇帝跟前做事，慢慢才陞到今天政府首長的地位，吃公家的飯，受皇帝的賞賜，已經有六十年了。在這段期間，我自己的車馬衣服等開銷，以及扶養妻子兒女僕人等費用，都是根據收入來計劃支出，節儉地生活；所有的薪水和皇帝的賞賜，每一筆都加以計算規畫，慢慢累積才有現在的財富和產業。

可見，如果每個人分到的土地是一樣的，只能賢能的人能保住他的田；如果每個人分到的財產是一樣的，也只能聰明的人能充分運用。當年，大商人白圭買進賣出做貿易發了大財，子貢三次賺了千金的財富，這難道都是從百姓身上剝削來嗎？他們能夠以智慧運用錢財，在盈餘與虧損之間得利，在物價高低之間賺到差額，這才是他們發財的原因。」

一位文學站起來發言說：「古時候的制度，不准人們身兼兩種職業，做官和經商不可以混在一起；這樣，各種行業之間就不會有不公平的現象，社會上的貧富也不會差距太大。

做高官而又能謙虛禮讓，他的聲望一定會很高；有權力地位卻想利用來賺錢，他的收入也可多得算不清。靠國家的湖泊、池塘等資源吃飯，壟斷礦山海底等資源的利益的人，牧牛的和砍柴的怎麼能夠和他比收入？做生意的和擺地攤的怎麼能夠和他比賺錢呢？子貢以一個普通老百姓的身份賺大錢，他的老師孔子都還說他不對，何況是那些靠權力地位賺錢的人呢？

所以，古時候的政府首長，關心的是如何發揮仁德正義來履行職務上的責任，而不是利用權力上的好處來滿足他的私慾呀！」

御史大夫桑弘羊面色轉壞，口氣有些不善，他說：「礦山有富饒的資源，百姓才得到供養；海底有充裕的生產，百姓才能夠滿足需要。一點點普通的泥漿，不能灌成一個池塘；山丘上的小樹木，不能蓋成大宮殿。小塊布不能包大東西，少量米不能養太多人。自己都吃不飽還想幫助人家有飯吃，那是做不到的事；自己都管理不了自己，還想管理別人，那也是不可能的事。所以，最能幫助別人的，是那些能幫助自己的人；最能管理別人的，是那些能管理自己的人。你們這些文學，自己的家裏都照顧不了，還能管理那些外頭的事嗎？」

另一位文學站起來反擊說：「到遠方去的人必須依靠車子代步，過河渡海的人必須仰賴船隻運送，有才能的人也要靠一些本錢和條件，來能創造事業，建立聲名。譬如有名的工匠公輸子，他能利用國王提供的材木，建築美麗壯觀的宮殿、平台、涼亭，却不能爲自己蓋一間小茅草屋，因爲他沒有足夠的木材。大鍊鐵家歐治，他能利用國王提供的銅鐵，鑄造巨型的銅鍋和大鐘，却不能爲自己鑄點鍋子盤子，因爲他沒有足夠的材料。同樣的，君子能利用統治者的行政體系，安定人民的生活，照顧到一般百姓，但他却不能使自己家裏富裕，是因為他沒有適當的地位。所以，當年舜帝還在歷山上耕種當老百姓時，他也不能幫助所有鄉里的鄰居；姜太公還在朝歌殺牛當屠夫時，賺的錢還養不起妻子兒女。等到他們受到重用之後，恩德遍及全世界。可見，舜要靠堯才能發揮作用，姜太公要靠周朝政府才能施展才能；君子只會修養自己的德行來完成原則，絕不會出賣原則來賺取財富啊！」

御史大夫桑弘羊不客氣地再攻擊說：「眞理掛在天上，物資分佈在地下，聰明人能掌握眞理和物資，左右逢源，不斷增加自己的財富；然而愚笨的人却兩邊不討好，處處感到匱乏。子貢以財富的累積在諸侯王當中備受尊重，陶朱公以擅長賺錢在當時社會上備受崇拜；有錢人都願意和他們交朋友，窮人可以得到他們的幫助。因此，上自統治者，下至一般老百姓，大家都尊重並稱贊他們的仁德。

反過來看看那些儒家知識份子，原憲和子思在當時常常吃不飽穿不暖，顏回住在破落的巷子裏，好幾次家中連一粒米都沒有，到了這種時候，住的是窰洞，穿的是鋪滿補丁的衣服，就算想要賺錢，想要去詐欺犯罪，也做不到了。」

一位文學站起來反駁說：「孔子曾經說：『財富如果是追求就可以得到的，就算是當個揮鞭子的馬車夫，我也願意；如果不是追求就可以得到，那我寧願隨著我的喜好去做。』君子追求的是正義，不可以喪失原則以求財富；所以孔子說這句話，就是諷刺子貢不滿足自己的命運，而要勉強去追求生財之道。

君子碰上了合乎正道的時代，就能夠旣富裕又有地位；碰不上合乎正道的時代，他會隱退並以堅守原則爲樂。一個君子不會爲了利益拖垮自己，所以他不會違背正義去貪得一些非份的財富；他隱居修養德行，不讓慾望妨害他的行徑，所以他不會爲了得到權位而毀掉名譽。一個君子，就算你把最富裕最有權勢的家庭給他，如果不合他的理想，他也會離開。財富和地位增添不了他的尊嚴，批評謾罵也破壞不了他的名譽。

因此，原憲身上的破衣服，比魯國大夫季孫的狐貂皮衣還要炫麗；跪盾的小魚飯，比晉國大夫智伯的大魚大肉還要味美；子思身上的銀珮，比虞國國王的『垂棘』美玉還要漂亮。魏文侯經過段干木的房子，要向柱子鞠躬，不是因爲段干木有什麼惡勢力，而是因爲他是個賢人；晉文公看到韓慶，就趕緊下車跑向前致意，不是因爲韓慶有很多財富，而是因爲他仁德充沛，人格感召他人。由此來看，人要尊貴何必一定依靠錢財，依靠仁德正義也就可以了。」

討論時間

在這一節裏，桑弘羊指出自己的財富完全是靠他的才能賺來的；他並且提出一個觀念，認為有才能的人應該可以運用智慧賺到財富，所有的窮人根本就是沒有才能的人，因此，窮人也沒有資格參與政治。你以為這個看法有沒有道理？

文學提出一個看法，認為如果社會是公正合理的，有才能的人就能既富裕又有地位；但如果社會有特權階級存在，競爭並不公平時，財富並不代表才能？你認為這個看法怎麼樣？

你認為我們現在的社會大致是機會公平嗎？如果有才能的人一定能在這社會上出人頭地嗎？那些貧窮不得意的人都是才能不足的嗎？

註釋

㈠「靈台」這首詩出自詩經大雅，描寫周文王受百姓的愛戴，當他心裏想築一個平台時，老百姓知道了，紛紛主動帶著工具材料來，日夜趕工，為他把平臺建起來。「靈台」這首詩的第一段大意是這樣：

文王想蓋一座平臺呀，
左測右量正在設計呀，
人民已經趕來加工了，
不到一天就築起來了，
文王要大家不要急呀，
人民却好像他的孩子，
高高興興自動來幫忙。

㈡屈原的詩篇「離騷」裏有幾句，大意是：

姜太公每天動刀子呀，
遇見周文王就被提拔爲宰相；
甯戚街上賣牛唱歌呀，
齊桓公聽了就找他來當客卿。

文學這句話大概就是根據這個傳說。但是有關姜太公被周文王請出來當宰相的傳說不只一個，更流行的說法不是在朝歌殺豬殺牛，而是在渭水旁釣魚。也就是我們俗話說「姜子牙釣魚，願者上鉤」的來源。

第七章 理論與實際之間

針鋒相對

當文學把矛頭指向御史大夫的富裕，認爲政府首長的財產來自於不正當地使用權力，文學並且說明一般儒家知識份子貧窮的原因。桑弘羊大夫顯然對文學的論點甚爲不快，他再度提出儒家知識份子不事生產的理由，企圖否定文學所信仰的基本思想；桑弘羊發言說：

「古時候的人設計了井田制度，規劃了居住社區，在那樣完善的管理之下，每個男人都努力耕作他的田地，每位女子都努力紡織各式布料，沒有荒廢空地，沒有無業遊民。因此，不是工匠商人就不能做生意賺錢，不是勤勞農夫就不能靠耕種所得維生，不是參與公共行政的人不能領官方的薪水。

但現在，社會上這一批儒家知識份子不下田耕種，卻去學一些無法驗證的空洞理論，浪費長期的寶貴光陰，對實際工作問題也沒有任何貢獻；他們沒有目標地到處閒逛，不耕種卻要吃飯，不養蠶卻要穿衣，假裝是善良老百姓，來破壞農業生產，干擾政治安定。這些人哪，正是我們社會上頭痛的問題啊！」

一位文學站起來反駁說：「當年，大禹對洪水的災害非常憂心，親自上山下水率領治水工程；每天在水中行走，夜晚就露宿路旁，經過家門也無暇進去休息。在那種時候，頭上的髮簪掉到地下也沒空去撿它，帽子掛在樹上忘了也沒空回頭去找它，還有時間去耕種嗎？

孔子曾經說：『詩人看不慣的，就不能沉默；我孔丘看不慣的，就不能順從。』因為這個緣故，孔子東西南北各地奔跑，向諸侯遊說了許多次都不能被重用；最後，他才退隱研究聖王的基本道理，寫下『春秋』這本書，留給後來的千代萬代，使世界上有一個永恒的價值標準。這種工作的價值與意義，難道和普通老百姓的耕田織布一樣嗎？

經書上說：『如果君子不在適當的時候做應做的事，老百姓就沒有榜樣可以看了。』可見，沒有君子，就不能管理一般老百姓；沒有一般老百姓，就不能供養君子；君子應該不耕種不織布，專心爲普通老百姓服務。

如果君子都去耕種，而不研究學問，社會反而將走到價值混亂不知所從的路上去！」

御史大夫桑弘羊再提出攻擊說：「你們這些文學，一談到政治理想，談得比唐堯、虞舜還要偉大；一談到社會正義，談得比秋天的天空還要高不可攀。話是說得極漂亮了，但看不到一點實際之處。

當年魯穆公的時候，公儀子做丞相，儒家知識份子子思和子柳都擔任行政首長；但是，魯國北邊割地給齊國，以泗水爲國界；南方怕楚國，西邊押人質給秦國，國勢衰弱不堪。

孟軻住在梁國的時候，梁國打仗輸給齊國，上將軍戰死，而太子被俘虜；西邊打仗又敗給秦國，土地割讓了不少，黃河兩岸的土地都喪失了，國家也是衰弱不堪。

再看看孔子的學派，七十個學生都離開父母，放棄家庭，背著行李跟隨孔子，不耕種只讀書，結果社會上更加混亂！

所以說，擁有滿箱子的小玉片不能算是擁有寶物；背了滿書包的詩書經典，也不能算是有德行的人。最重要的，是要能安定國家、造福百姓，而不是賣弄一些漂亮的文字和氣派的語言就算了。」

另一位文學站起來反駁說：「虞國不採用百里奚的策略，結果滅亡了；秦穆公重用百里奚，結果成爲諸侯中的霸王。不用有才能的人，國家都可能滅亡，割地還只是小事呢。

孟子到魏國，魏惠王問他怎麼得到利益，孟子却回答他仁義的道理；兩個人的關心不同，話不投機，所以孟子不被重用而離去。雖然胸中藏有珍貴的寶物，可是沒有機會講出來呀！

所以，有飯不吃，肚子餓也沒辦法；有賢人不用，割地亡國也是活該。紂王的時候，政府機關有微子、箕子兩位賢人，社會上有膠鬲、棘子兩位賢人，結果國家還是亡了。

有好的意見不肯採用，有忠誠的勸告不肯聽從，就算有再多人才，又怎麼能對政治有幫助呢？」

桑弘羊聽了文學的看法，對「有好的意見不肯採用」這一點不太贊同，他再提出批評的觀點說：「橘子柚子生長在江南一帶，可是全國的人民吃起來都覺得甜美，因爲味道的感受是相同的。優美的音樂產生在鄭國、衞國一帶，但每個人聽起來都覺得悅耳，因爲聲音的感受是相同的。越人夷吾，戎人由余，他們講的話要經過翻譯才聽得懂，但兩位都在齊國、秦國當了大官，因爲人對善惡的體會和思考是相同的。所以，曾子在山下唱歌，山上的鳥都飛下來；師曠彈琴，各種野獸聽了都一齊跳起舞來，只要是好的，大家都會喜歡；只要有誠意，一定有人回應。

你們舉出的儒家知識份子那些例子，他們是不是沒有誠意呢？爲什麼他們說的話都沒有人接受，他們做的事都沒有人喜歡？」

對於桑弘羊的推論，一位文學搖搖頭站起來反駁說：「就算是扁鵲那樣的神醫，也不可能治療不肯吃藥打針的病人；就算是聖人賢人，也不可能輔正不接受意見勸告的國王。所以，桀王有關龍逄那樣的賢臣，夏朝還是滅亡了；紂王有微子、箕子、比干三位仁德之臣，商朝還是垮台了。我們不擔憂沒有由余、夷吾那樣的好意見，却擔憂沒有齊桓公、秦穆公這樣肯接受意見的君王。這就是爲什麼，孔子東奔西走會得不到欣賞他的人，屈原會被楚國所放逐。

所以有人就說：『如果我們堅守原則地從事政治活動，到那裏才不會被一再罷黜？如果我們能放棄原則從事政治活動，那又何必離開家鄉呢？』這就是爲什麼，儒家知識份子說的話沒有人接受，做的事沒有人喜歡的緣由吧？」

文學講完看法之後，桑弘羊大夫又提出對儒家知識份子的另一個批評，這一次，他諷刺儒家不知變通，才會〻事無成，他說：「會唱歌的人不光是把聲音練得很高，重要的是能掌握節奏；討論問題的人不光是把文辭修飾得很美，重要的是能符合實際。光有美好的音色而不懂得發聲轉調的技巧，也還不能成爲好的演唱家；光有很突出的意見而不懂得變通適應，也還不能算是擅長討論問題的人。

儒家的知識份子就好像，拿著圓規說直尺不對，拿著水平儀說垂直繩不準，都是只懂一個層面，只知道一種道理，而不懂得比較分析。因爲自己没看過，就說別人撒謊，這種行徑好像夏蟬不知雪長什麼樣子，就說根本没雪這回事一樣可笑。儒家固執地拿古書中的道理，想要適用於現在的社會，這個做法就好像辰星和參星想要會合，黏住了琴弦却要調音一樣，都是不可能做到的事。這也就是爲什麼，孔子不被當時社會所重用，孟子被當時諸侯看不起的原因了。」

另有一位文學從人羣中走出來，大聲地反駁說：「太陽月亮的光線多麼明亮，但是瞎子却看不見；打雷閃電的聲音多麼響亮，但是聾子却聽不到。對不懂音樂的人唱歌說話，和對聾子講話沒有兩樣；又和蟬不知道大雪有什麼兩樣？

像伊尹那樣的智慧、姜太公那樣的才能，都還不能讓他們的意見影響桀王、紂王兩個暴君，這不是說話的人的錯，而是聽意見的人的問題呀！正是因爲有這些不聽從意見的君主，荆和才會抱著璞石痛苦地說：『到那裏可以找到一流工匠來切開我的石頭呢？』屈原才會在河邊流浪吟詩說：『到那裏可以找到皐陶那樣的淸官，來審理我的寃屈呢？』

擔任國家領袖的人，都希望找到有賢能的人來幫助自己，任命有才幹的人來治理國家；但却又往往被虛僞的理論所誤導，被諂媚的言詞所迷惑。有才能的人被排擠出去，反而拍馬屁的人受到重用，這樣，國家就會滅亡，有才能的人也得在洞穴裏挨餓。

當年趙高沒有什麼超過別人的理想，却擔任管理全國百姓的職位，結果搞得秦朝滅亡，自己的家族子孫也跟著遭殃。整把琴都丢掉了，那還有什麼黏住的琴弦可以調音呢？」

御史大夫桑弘羊再度尖刻地批評說：「我們推舉所謂的文學高第，這種人的智慧要能懂得過去聖王管理國家的原理，這種人的才能又要能夠把這些原理原則實踐出來。他們在社會上，可以成爲一般人的老師；他們到政府機關，可以成爲全國的表率。

但是現在我們選出來的文學，一談到政治，就說堯、舜如何好如何好，一談到道德品性，就說孔子、墨子如何了不起如何了不起，交給他政事呢，却一樣也做不到。一肚子古時候的大道理却沒有辦法實踐，說的意見都很了不起，做的行爲却很卑鄙；提出的原則好像很有道理，但情感上却不近人情。衣服帽子和一般鄉人不同，但實質上却和一般凡人沒有兩樣。

你們諸位當中，那些被稱爲忠厚正直的人，有很好的機會得到皇上的信賴，却只能做到充數而已，根本不是什麼了不起的選舉；我還看不出和這些人討論國家大事有什麼好談的。」

剛才發言的那位文學，再度大聲地說話：「上天設置了太陽、月亮、星星三種光來照亮世界，皇帝設置了各級政府首長來管理國家秩序。所以有人說：『政府首長是全國共同的行爲標準，精神進化的重要色彩。』他們一方面要幫助皇上完成管理國家的職責，一方面要在社會上完成聖賢教育的工作。使自然界陰陽協調、配合四季工作，安定一般百姓，使他們獲得教養，彼此合睦相處，沒有抱怨和挫折，四方的野蠻民族都歸服，沒有叛逆的憂慮。這些，就是政府首長的職責，也是賢能的人所努力從事的工作。

像伊尹、周公、召公這三位，可以說是合乎最高政府首長三公的要求；像太顛、閎夭這些人，可以說合乎一般政府首長九卿的條件。

我們這些文學雖然配不上皇上的大選舉，但現在的執政官員也稱不上有高尚的德行呀！」

桑弘羊大夫聽到文學這一席諷刺的話，心中非常不快，臉色都氣得發白了，不願意回答文學的話。

另外一位又出來發言說：「朝廷裏沒有忠臣，政治就黑暗了；大夫身邊沒有正直的讀書人幫忙，地位就危險了。任座坦率地批評君主的過錯，魏文侯聽了就改過自己的言行，成爲社會上普遍稱贊賢君。袁盎當面諷刺丞相絳侯的驕傲自負，結果非常圓滿。因此，不惜冒著生命危險糾正君主過失的人，就是忠臣，不惜遭受壞臉色去糾正政府首長的過失的人，就是正直的讀書人。

但是現在，我們不能在街上評論政治得失，不能當面批評政府首長的不是；今日的管理當局鹽鐵等財政政策對老百姓逼得很緊，領公家薪水的很多不是適當的人才；他們妨害農業生產，又使商業工業的市場利潤不落到老百姓手中，人民的期望得不到滿足。

更嚴重的是，做爲帝王的基本原則已經大多被遺忘而不培養了，詩經裏頭說：『朝廷上擠滿了正直的人才』，我們本著這個誠意，提出我們認眞的意見，希望被接受採用，而不是表達一些空話就算了啊。」

討論時間

在這一節裏，文學與大夫桑弘羊彼此用尖酸的言詞諷刺對方，辯論的氣氛已經愈來愈激烈了。桑弘羊認爲，儒家知識份子只顧唸書，不事生產，是社會的寄生蟲；文學則指出，社會上必須有一批人專研知識與真理，如果大家都去耕田織布，社會反而將失去精神的引導而混亂。你認爲，這兩種看法那一個有理？

知識分子不事生產，是社會的寄生蟲嗎？知識份子認爲社會沒有他們對知識、真理的追求就會混亂，這是一種優越感嗎？平常的言論，你還注意到那些對知識份子的批評？這些批評是以什麼出發點來談的？

討論問題有好處嗎？

在沈默了一段時間之後，御史大夫桑弘羊再度發言，這一次，他把話題轉向「什麼樣的討論才是有用的討論」。他認爲自辯論開始以來，文學所提出的討論都是沒有用的。他說：

「我們英明的皇上，領導全國；因爲他憂心衆多百姓的痛苦，掛念北方邊境的戰亂不平，才命令大臣推舉賢良和文學，廣泛徵求有才能有德行的人才，希望能看到不同的意見，提出不同的策略，皇上願意虛心傾耳細聽，以爲或許可以得到很好的意見。

但是，你們諸位沒有人提得出什麼特別的意見，更談不上擊敗匈奴，安定邊境的策略，只是緊抱古老的經書不放，固執地堅持一些穿洞的理論；不知道如何取捨運用，不知道因應社會環境的變化，討論問題沒有事實做根據，好像膝蓋癢卻去抓背一樣不能切中要害。但在政府廳堂上辯論起來，意見和大道理都多得沒辦法聽完，好像開口說話就可以完成一件事一樣。這難道是我們皇上所要聽的意見嗎？」

一位文學站起來反駁說：「我們這些知識份子提出來的意見，表達方式雖各不同，但主旨却是一樣的，都希望政府能夠重視禮義，拋棄錢財利益，恢復古時候的傳統原則，糾正現在社會的問題和弊病。每個人所說的，都是希望能夠使全國安定和平的道理。雖然，我們的意見未必全部可以採用，但應該有一些可行性很高的意見吧？

然而，你們這些主管官員，不了解文化的重要，只知道追求商業利益；你們妨礙議事又處處抬摃，運用詭計和種種藉口，使得我們的討論到現在還沒有任何決定。這不是儒家知識份子沒有辦法完成事情，而是你們政府官員想保住既得利益呀！」

御史大夫桑弘羊面無表情，再度提出對文學的攻擊說：「你們這些人，外表堅毅而內心懦弱，十足是混淆是非的人；表面繡花繡紋而裏頭破廠爛布，十足是遮蓋眞實的人。你們文學空著寬大的袍子，繫著鬆寬的腰帶，剽竊周公的服裝；見了人就鞠躬行禮，裝做拘謹不安的樣子，模仿孔子的舉止；討論問題以及歷史評價的意見，則完全抄襲子夏和子貢的言詞；對政治的批評諷刺，好像才能都超過管仲、晏嬰一樣。

你們心裏瞧不起政府首長，對萬輛戰車的國家也看不上眼；但當有人授給你們政治權力，却又弄得一團混亂而毫無管理的成績。可見，從言論來推舉人才，就好像從皮毛來挑選馬匹一樣。這就是爲什麼選出來的賢良文學都配不上對他們的推薦。

皇帝下的詔書上說：『我很喜歡國內所有的人才，所以廣泛徵求各地有經驗、有才能、有學問的各種人才，來擔任官方的職務。』但是，會說話的人不一定有才能、有操守。爲什麼呢？因爲說話容易，做起來才難。有人放棄車子只要牛，就是認爲牛不說話而能做很多事的緣故。

吳國生產的大鐘，因爲能發聲才換來每日的敲擊；主父偃意見太多，導致自己的死亡。夜鶯在晚上啼叫，也不能使天空變亮；主父偃像貓頭鷹那樣喋喋不休，也不能救自己不死。所以，不是政府官員要保住既得利益，是你們文學被那些古老的理論，無聊的言談綁住了呀！」

另一位文學站出來反唇相譏說：「能說出道理，又能實踐於天下的，是商湯、周武王那樣的人。只能說道理，却做不到的，就是你們這些政府官員了。

你說我們文學剽竊周公的服裝，你們主管官員卻竊據了周公的職位；你說我們文學被那些古老的理論綁住了手腳，你們主管官員卻被錢財利益綁住了手腳；你說主父偃意見太多導致自己的死亡，你們主管官員卻因爲追求利益而搞得自己困難重重。一匹好馬有日行千里的能力，如果，沒有造父那樣的馴馬師傅也無法發揮；大禹的智慧可以抵得上一萬個人，如果沒有舜帝任用他做宰相也無法表現。所以，魯大夫季桓子專權的時候，柳下惠那樣的賢人就消失了；但當孔子擔任司寇的時候，那樣的賢人又多起來了。好馬，要靠伯樂那樣的人推薦，但更要靠造文那樣的人來訓練使用。造文一拉馬的韁繩，不管好馬壞馬，都能在馬路上全力奔馳。周公治理國家的時候，不管有才能的人沒有才能的人，周公都可以和他們討論政治而得到好的意見。所以，最會騎馬的人擅長訓練馬匹，最有才能的宰相擅長運用人才。

現在我們推選出一些優秀人才，卻叫一些普通奴僕來馴服他們；這好像是拖著沉重鹽車的馬，卻鞭打牠要牠快跑，根本是做不到的事。賢良、文學大多配不上對他們的推薦，也就是這個緣故啊！」

御史大夫桑弘羊非常不屑地說：「哼，你們這些儒家知識份子，卑鄙下賤沒有品行，話說得多卻無法實踐，心裏想的和外表面貌都不一致。儒家的學者就好像挖牆洞的小偷一樣，自古以來就是令社會頭痛的人。你看，儒家的祖師爺孔丘被魯國國王責罵驅逐，在他的時代也從未發揮作用。為什麼？因為他腦子裏擠滿了各式各樣的大道理，做的事情都不合時宜，無法符合社會的需要呀。

難怪，秦始皇要燒掉儒家的書，不讓它流傳；活埋儒家的知識份子，而不重用他們。那還有機會給他們搬弄舌頭，神氣十足地發表言論批評國家的行政事務呢？」

討論時間

御史大夫桑弘羊認為儒家知識份子只會談理論，根本不符實際。這樣的批評同樣時常發生在許多人對學術理論的批評，你認為，這樣的批評合理嗎？理論與現實之間的關係究竟是怎麼樣？

理論對社會的現實問題有幫助嗎？如果有，那是在什麼樣的狀態？或是通過什麼樣的方式才發生效果？

社會上很多實際從事工程、管理、政治的人對理論都持有反面的意見，這是怎麼回事？有什麼實際的因素或心理的因素？

國家已有重病的徵兆

聽了剛才桑弘羊大夫對儒家知識份子的直接攻擊，批評的言詞那樣地尖刻不留餘地，坐在廳堂下首的賢良和文學都騷動起來。其中，有一位文學激動地站起來，他反駁桑弘羊說：

「國家有能幹的人才而不能發揮，不是人才的過錯，而是當政者的恥辱。像孔子，是了不起的大聖人，但各國諸侯都不能任用他；只有一次機會在魯國當個小官，才做了三個月，整個社會不必下命令，事情都主動做好；不必取締禁止，所有的壞事都消失了。孔子仁德的影響力好像豐富的季節雨水澆灌大地，所有的植物一下子都茂盛鮮活起來。想想看，如果讓他擔任中央政府的要職，發揮聖王的教誨和恩惠，他對世界的貢獻該有多大呀！

反過來看我們現在的政府首長，擔任崇高的職位，管理全國最重要的行政事務，已經十幾年了；他們沒有給全國人民什麼恩惠和貢獻，反而使老百姓辛苦勞動，飽受剝削；老百姓生活貧窮困苦，但政府官員自己的家裏却累積了萬兩黃金的財富。這是君子認爲最可恥的事，也是詩經裏『伐檀』那一首詩所諷刺的現象。

從前商鞅擔任秦國宰相的時候，不重視禮讓的風氣，鼓勵人的貪心和自私；軍人按照砍了多少敵人的頭顱來給獎賞，全力向外侵略征服；他從來不施與百姓恩惠，反而在國內推行嚴厲的法律。結果，社會風俗日漸敗壞，老百姓也愈來愈怨恨政府；最後，秦惠王把他殺了，才平息全國人民的怨氣。到了這種時候，商鞅也沒有機會發表意見，參與政治了吧？

現在你們這些主管官員認爲，儒家知識份子貧窮卑賤又愛發表意見，實在很討厭；而我們儒家知識份子也很擔憂，因爲主管官員雖然富裕而有地位，但前途說不定像商鞅一樣，很危險哪！」

御史大夫桑弘羊聽了文學這段話，非常不痛快，兩眼瞪著文學而不講話。

丞相車千秋的助手丞相史一看苗頭不對，桑大夫生氣了，這還得了，趕緊出來打圓場說：「嘿，嘿，大家都是爭論國家的行政事務，批評政策實行的得失，爲什麼不慢慢來，把道理一點一點講清楚？爲什麼要彼此惡言相向，爭吵得這麼激烈？

御史大夫桑弘羊認爲鹽鐵官賣政策不能廢止，並不是有什麼私心，而是擔憂國家的財政需要，和邊境的國防經費罷了。各位賢良、文學言語激烈地批評鹽鐵政策，也不是爲了自己，而是希望恢復傳統制度，並以仁德正義的精神來完成罷了。兩方面的意見各有各的偏好，但是，時代和環境已經都改變了，又怎麼可以堅持要用傳統方法，而批評現代方法的不是呢？我們現在不要再用人身攻擊的言論，改換比較有建設性的意見吧。

如果，你們文學、賢良當中有人可以提出辦法，不花錢使國內完全安定和平，遠方的民族都主動歸服，不花錢使外族侵犯我國邊境的災害完全解除，全國的各種賦稅都可以爲你們賢良文學而廢止！何況只是鹽鐵官賣和均輸制度呢！

政府所以重視學術和儒家知識份子，是因爲儒家講究謙虛禮讓，用道理和別人相處，這種精神很寶貴。但現在，你們倒是爭辯得太直率了，沒聽見像子華、子貢那些優美的講詞，却看見你們魯莽、無禮的表現，這種儒家學者眞是沒聽說過。

桑大夫的話也許過份了，但你們諸位賢良文學更是失禮，還不趕快向桑大夫道歉！」

一聽這話，六十多位賢良和文學都從座位上站起來，彎腰拱手說：「我們見識短淺，很少參與政府高層的決策，我們的意見也許超過了本份，冒犯了主管官員們，眞是抱歉。

本來，藥酒喝起來很苦，但對治病有幫助；誠實的意見聽起來很刺耳，但對政策施行有幫助。所以，能聽到直率的意見是有福氣的，只聽到逢迎拍馬的話才是一種侮辱。樹林茂密，就會產生很多強風；人在富貴，就會聽到很多諂媚的話。你們這些政府高官，走遍全國到處都聽到人家點頭說：『是，是！』，現在你們有機會聽到儒家門徒的直率意見，這正是主管官員的良藥和針灸啊！」

御史大夫桑弘羊的臉色稍爲好看一點，轉身背對著文學，面向賢良們說：「住在落後巷子裏的窮酸知識份子最喜歡拐彎抹角地詭辯，而見識太少的人更是很難溝通。他們文學，堅持一些死人的不著邊際的理論，也不可能改變看法了。其實，古時候的事情，古人的理論和看法，我們也都研究過了。現在我們要檢討現代社會的問題，當然應該用我們眼睛所看到的，耳朵所聽到的做爲基礎，因爲時代不一樣了，很多情況也變了。

文帝、景帝的時候，以及武帝建元年代初期，老百姓一般都很樸實，而且努力於耕作的本職；官吏一般都很清廉，而且相當自我尊重，每一個地方都富富裕裕，人口不斷增加，一般家庭生活安樂。到了現在，政治方針也沒有變，敎育方向也沒有改，怎麼會社會風氣愈來愈勢利，道德水準愈來愈敗壞呢？官吏變得貪污腐敗，百姓變得沒有羞恥感，處罰犯錯的人，殺死作惡的人，也不能阻止犯罪的增加。這是爲什麼呢？

社會上流行一句話說：『鄉下的儒家知識份子不如都市裏的讀書人。』他們文學都是從山東地區來的，㈠很少參與國家大事的討論。諸位賢良先生，在首都看得多談得多，也住得久了，你們倒是發表發表意見，分析一下政府政策效果的不同，究竟是什麼原因使然呢？」

一位賢良站出來回答說：「山東地區是全國的中心，也是有才能的人競爭的戰場。

當年高祖皇帝打天下，就是崛起在宋、楚之間；出身山東地區的英雄豪傑，如蕭何、曹參、樊噲、酈商、灌嬰、夏侯嬰等，都起來幫助高祖皇帝，這些人才就算是古時候，也只有閎夭、太顛這種人可以相提並論。

再看，大禹出身西方的羌地，周文王誕生於北邊的夷地；他們的背景雖然是偏僻的地區，但他們的偉大情操超越同時代，擁有的智慧和能力抵得上一萬人，更肩負了一般人無法擔當的重任。

另一方面，有些人時常進出大都市，一天不知要走多少回，但一生也不過是當個馬夫僕役罷了。

我雖然不是生長在京師，才能低劣，資質愚笨，本來没有什麼資格參與國家大事的討論。但我曾經從村鄰裏的老前輩那裏聽說，從前一般老百姓，穿的衣服只要求保暖不講究奢華，製造器械簡單堅固只講究實用。

當時的社會經濟，衣服的生產足夠讓大家遮蓋身子，器具的生產足夠讓大家工作便利，馬匹的生產足夠讓大家騎乘代步，車輛的生產足夠讓大家運輸東西；生產的酒足夠讓大家歡樂聚會却不沉迷，也有足夠的音樂讓大家心曠神怡却不萎靡；在家庭裏，聽不到宴會奏樂狂歡的聲音，在街上看不到遊手好閒到處閒逛的景象。走路的時候就是挑著擔子，停下來的時候就是在田中耕耘，人人勤勞工作。

老百姓普遍花費很節省，因而錢財充裕；農業生產非常發達，因而人民普遍富足。

喪禮氣氛哀傷，但不鋪張；養育家人，適當而不奢侈。

政府官員正直而没有貪慾，政策執行合理而不苛刻。

在那樣的社會風氣之下，一般老百姓心平氣和，各級官員職位穩固。

在武帝建元年代的初期，政府重視文化，修養道德，全國再度進入安定祥和的境界。

但到了後來，一些不肖官吏提供各種投機技巧，破壞原來完美的政治結構。他們對外壟斷礦山海底資源的利益，對內又設計了各種盈利的制度。像楊可創立了『資本所得申報』制度，江充對服裝的式樣實施管制，張湯大夫修改法令，杜周執行刑法；處罰、贖罪、罰金等各種名目都落到百姓頭上，芝蔴小事也要受管受罰，犯罪的條目簡直數算不清。

嚴苛的法令之下，加上夏蘭這類官吏濫捕無辜的人，王溫舒這類官吏亂殺沒有罪的人；殘暴的官員不斷出現，善良老百姓被欺凌慘了。

在這種時候，老百姓沒有辦法保住自己的頭顱，什麼情況下會被殺頭都不知道；就連有錢有勢的人也未必保得住他的家族，什麼情況下會被抄家都不知道。

幸虧皇上聖明，終於覺悟到百姓的痛苦，立刻把江充這些人判了死刑，並且殺掉那些殘暴的不肖官吏；用來消除曾經被虐待的百姓的怨恨，也對全國人民的指責有了交待。

從此，各地居民重建安樂的家園；但是，這些禍害的後遺症，經過好幾代，還不能完全平息，社會所受的創傷，至今也還不能完全恢復。所以，各級官員還有一些殘暴不仁的政策執行手段，而有權的高官還有人懷著大撈一筆的心理。

政府高級官員握有龐大的權力，常常任意決定政策；有勢力的地方惡覇，常常結黨組幫，欺負一般百姓。有錢有勢的人生活豪華奢侈，沒錢沒勢的窮人甚至受人任意欺凌或殺戮。

社會上另一個嚴重的問題，是奢侈風氣的影響，我們都知道，婦女的手工藝，做起來很花時間，用壞却很快；車子和器械的製造，做起來很費力氣，折舊却很快。一輛車子用不到兩年，一具農用器械用不了十二個月；但是一輛車價値一千石米，一件衣服也要花十鍾米的代價。

東西的生產這樣不易，人民的使用却那麼浪費。現在一個普通人，要用有花紋的杯子，買有圖案的桌子，不必要的小桌子和椅墊一大堆；家中的婢女穿著彩絲衣服和絲織鞋子，普通老百姓也吃肉和大白米飯。

每個村里有自己的時髦流行，每個鄉黨（五百家爲一黨）有自己的聚會場地；大馬路上是騎著馬呼嘯飛馳的人，小巷子裏是踢足球遊樂的人。這樣，漸漸地，肯拿著鋤頭下田耕種、握著梭子開機織布的人愈來愈少了；天天束腰、化妝、臉上塗白粉、眉毛畫黑線的人倒是愈來愈多了。

在這種浮誇的風氣之下，沒有錢的人也要裝做有錢，窮人也打腫臉充胖子。穿的衣服，外面刺繡著花紋，內面却沒有襯裏；外面是絲質布料，內面是粗厖爛布。活著的人沒飯吃，死人的喪禮却大事舖張；埋葬一個死人就要傾家蕩產，嫁一個女兒就要嫁粧滿車。有錢人想要超過別人，窮人也想跟上水準。結果，有錢人耗費太凶，變成了空架子；窮人花不夠，只好到處借貸。因此，老百姓一年比一年窘迫拮据；人一貧窮，就沒有羞恥感，人一缺錢，就保不住廉潔。處罰犯錯的人，殺掉作惡的人，也不能阻止犯罪的增加，就是這個緣故。

所以，我要指出，我們的國家已經有了重病的徵兆，患的正是資源配置不平衡的病啊！」

討論時間

在整個鹽鐵政策大辯論的過程，這一段幾乎是雙方言辭最激烈，場面最火爆的時候了。

其中，桑弘羊大夫批評文學來自鄉下，不懂國家大事，沒有資格發言討論；這種從一個人的出身背景來否定一個人言論的價值，是不是有道理呢？

有時候，我們對海外學人回國討論政事，也批評他們人在國外，不懂國內情形，沒有資格講話，這種批評和桑弘羊對文學的批評有什麼不同？

一個人的背景和一個人的意見言論，究竟有什麼樣的關係？環境背景對意見的價值有多大的限制？

你也想想看，你的出身背景有沒有限制你對某些事情的了解？這些限制是絕對的，還是有可能突破的？

註釋

㈠ 參加這次辯論的賢良是由中央政府的三輔與太常所推舉的，文學則由各郡國所推舉；漢朝的首都在長安，大部分的郡國都在它的東方，所以稱爲山東（太行山以東），並不是指現在的山東省。

第八章　資源配置的爭論

資源配置不當的事實

賢良第一次發言，就洋洋洒洒指出了三點：第一、不見得生長在首都的人才懂得治國的道理；第二、社會風氣的敗壞來自官吏不正當的政策；第三、社會風氣的敗壞使得社會犯罪率提高，人民不事生產，國家便患了重病。

這些言論，給御史大夫桑弘羊相當大的刺激，桑大夫忍不住心中的氣憤，出言恐嚇說：

「我以爲賢良會比文學懂事一點，沒想到還是顚倒是非的人，你們和文學一唱一和，好像胡人的車子一輛叫了，另一輛跟著叫。你們諸位難道沒看過夏天的蟬嗎？它的聲音叫得比誰都大聲，但秋風一吹起，聲音就沒有了。你們諸位不要隨便說話，不考慮後果；等災禍來臨才要閉嘴，恐怕就來不及了！」

一位賢良站起來，慷慨激昂地說：「當年孔子讀歷史典籍，不禁喟然嘆息；他感傷的是道德的毀壞，擔憂的是君臣關係的危機。

所謂的賢人君子，是那些把天下的幸福當做自己的責任的人。責任重的人想得遠，想得遠的人就不會記掛眼前的事。他們爲國家的前途憂心，爲社會的困難感傷，心中同情的是社會上的勞苦大衆；所以只有忠心耿耿，沒有任何對自己的擔憂和牽掛。詩人感傷就作詩表達，比干和伍子胥想到國家，就忘了自己身體可能遭受的禍患，就是因爲這個緣故。

現在，我們所面對的社會現狀，苛刻的政治制度已經勞苦百姓到了極嚴重的地步，我們還能夠沉默嗎？詩經上有句詩說：

憂愁的心好像火在燃燒一樣，
我們不敢開玩笑地討論問題。

這正是我們心情的寫照。

從前，孔子爲什麼每天都一付不安的樣子呢？因爲他憂愁社會上的問題啊！墨子爲什麼每天都匆匆忙忙跑來跑去呢？因爲他擔心世界上的痛苦啊！」

御史大夫聽了，沒有答腔。

丞相車千秋站出來發言說：「你們說現在國家已經患了資源配置不平衡的病，我倒希望聽聽社會上的資源是怎麼樣的使用不當呢？」

一位賢良站起來發言說：「房子、車子、馬匹；衣服、工具、器械；喪禮、祭祀、飲食；聲色、遊戲、嗜好；這都是人類本性的基本慾望，沒有辦法不要的。因此，古時候的聖人爲社會建立了標準和規範來限制它；但最近，政府官員追求權利和利益，疏忽了社會規範和社會正義，因而老百姓紛紛模仿學習，很多事情都超出了傳統的標準和制度。我不得不詳細來描述這些事實，請聽我說：

古時候的人，對於稻米、蔬菜、水果之類的作物，不到適當的季節絕不採來食用；鳥、獸、魚、鼈之類的肉食，不長到適合宰殺的大小絕不殺來食用。因此，他們不用細孔的網在池塘裏撈魚，羽翼皮毛還未長整齊的小鳥小獸也不獵捕。

現在的有錢人，爲了口腹之慾，發動了各種細孔的魚網、獸網，獵捕小鹿小鳥，供他們享用。現在的有錢人，放縱、沉迷於美酒之中，因而堵住各地的泉水，供他們釀酒之用。講究口味，吃羊要烹出生不久的羔羊，吃豬要殺不滿月的小豬，吃鳥要剝還不能飛的幼雛。春天的幼鵝，秋天的嫩鳥；冬天的葵菜，秋天的韭菜；香菜、嫩薑、蓼蘇、香蕈、木耳；以及各式各樣的蔬菜水果，各式各樣的昆蟲野獸，每一樣東西只要有美味，他們都吃。

古時候的人，蓋房子用砍下來的圓木架做屋椽，舖上茅草爲屋頂，堆起土牆圍成房間，只要能抵抗寒暑，遮蔽風雨就可以了。到了後來，一般人的屋樑圓木還是不加雕飾，茅草屋頂也不加修剪，使用的木頭不做任何雕琢裝飾，使用的石頭也不經過加工琢磨。只有擔任高官的人才可以把屋棟削成方形，基層官員可以把木頭的根部不整齊的地方修平，但一般老百姓都是直接用砍下來的木頭，搭架起來而蓋成房子。現在的有錢人，樓房一層層蓋高起來，屋樑一根接一根，門檻和屋棟都雕鏤花紋，牆壁上也塗上白粉或掛上布幔做爲裝飾。

古時候的人，不合制度規定的服裝，不切實用的器具，都不在市面上販賣。現在的民間，雕刻一些不實際的東西，製造一些只爲好玩而沒有用處的器具。

衣服是黑的、黃的，又配上青色，還繡上五顏六色的花紋。喜歡看玩把戲、耍雜技的男女表演；喜歡看馴馬逗虎的馬戲表演；到處看得見賣色彩艷麗的捏麵人、玩偶等，而造形特殊的外國人和胡人歌女也極爲流行。

古時候，諸侯不另外飼養戰馬，天子有命令指派時，直接動員車子到田裏，配上耕作的馬來運用。普通老百姓騎馬，是爲了減輕長途走路的辛勞；馬匹出門就是拖著車子運輸東西，不出門就在田裏拉犂耕作。

現在的有錢人，車子一輛接一輛，馬匹成排並列；有三匹馬拉的車，有兩匹馬的車；有車廂的車，沒有頂蓋的車，應有盡有。

中等家庭也爭相購置有車廂的小馬車，馬匹的毛上和蹄上還配上各種裝飾品。然而，飼養一匹馬，幾乎要耗費中等家庭六人的糧食，還需要一名壯丁全天候照顧牠。

古時候，普通老百姓到了六七十歲的高壽，才穿絲布衣服，其他人全部都穿粗麻布縫的衣裳，所以老百姓又被叫做『布衣』。

到了後來，一般人的衣服內面是絲，外面還維持麻布；直領不加蓋頭頭巾，袍子縫合的地方不加飾邊。絲織的細絹、刺繡圖案的布料，是國王的后妃才能穿的衣服；綢布和縑布，是結婚的時候才拿來做禮服的。因此，刺繡花紋的細絲布，不在市面上販賣。

現在的有錢人，布料繡著五顏六色的花紋，衣服用上好的絲絹裁製。中等家庭的人，也穿單色的上好衣料。普通老百姓竟穿起國王的后妃才能穿的服裝，下等粗人也穿起結婚大禮才穿的服飾，這眞是太奢侈了。

而，單色絲布的價格比縑布貴一倍，縑布的消費量比絲布多一倍。

古時候，車子用圓木輪，沒有中空的輪子；車廂用木板釘成，不加蓋子。

到了後來，車廂加木頭扶手，但沒有裹上其他材料；輪子大而輻較密，輪子上包一層蒲草以減少震動，加上遮雨的蓋子；一般都沒有上色漆，掛布幔一類的裝飾。士大夫階級可以用中空圓輪，木頭車廂，舖上布或柔軟的皮革。一般老百姓可以給車身上漆，擴大車廂，使用單輪。

但現在民間的有錢人，車身鍍金鍍銀，畫上各種圖案，車蓋掛著玉飾，車子還結上旗子、羽毛扇蓋。

中等家庭也把馬銜塗上各種顏色，給馬戴耳環，胸前穿上皮革，配上有窗的車廂。

古時候，用鹿皮來縫製皮衣皮毛，蹄和足部的皮都不割棄。
到了後來，士大夫階級的皮衣，在腋下的部分才縫上最能保暖的狐皮、貉皮，皮衣的其他部分用羔羊皮製成，袖口則縫上豹皮。一般老百姓則穿毛織的長褲和內褲，而以粗製的牡羊皮衣保暖。
現在的有錢人，講究皮衣的毛料，不是鼲鼠皮衣，就是貂皮大衣；更講究的人，專門收集狐狸腹部的白皮縫製成衣，再加上鳧鳥頸上的羽毛來裝飾。
中等家庭的人，也講究毛氈厚衣縫上金線來點綴，皮衣講究的是燕地生產的貉皮，代地生產的黃鼠狼皮。
古時候，普通老百姓騎馬不舖馬鞍，用繩子拴著馬脖子就可以控制馬了；最多用皮革做一副踏脚馬蹬，在馬背上舖塊皮毛當坐墊而已。
到了後來，才採用皮革做簡單的馬鞍，馬口上的鐵銜也沒有任何裝飾。
現在的有錢人，馬耳加上皮革護耳，配上白銀首飾，踏脚馬蹬用黃金製成，絡馬頭的韁繩串著美玉，用刺繡的毛氈織成馬的防汗巾，再配上各色塞外的玉飾。
中等家庭的人，也舖著上漆的獸皮，繫上絲布條，用一些顏料畫在皮革之上做爲裝飾。

古時候的人，在地上挖水池儲水，用土做的杯子盛水來喝，並沒有爵、觴、樽、俎這一類的酒杯、酒壺、盤子等器具。

到了後來，普通老百姓用的器具，也只是竹籃、陶器和葫蘆瓢而已。只有祭祀用的木盤杯碗，才雕刻花紋，漆上紅彩。

現在的有錢人，杯子用白銀做杯口，用黃金做杯把；家裏用的是金製的酒罇，玉製的大酒杯。

中等家庭，也講究野王出產的盤子，四川出產的鍍金酒杯。

一個雕鏤花紋的杯子價值等於十個普通的銅杯，銅杯價格低廉，但實用性毫無差別。當年箕子看到紂王用象牙筷子，驚嘆爲太奢侈；誰想到，當年皇帝的奢侈，現在不過是普通老百姓的炫耀罷了。

古時候的人，吃白米飯或小白飯，加上一點豬肉佐膳。

到了後來，鄉里如果有應酬宴會，老人可以有幾盤菜，年輕人則站著吃，也只是一盤醬一盤肉，輪流敬酒而已。

再到後來，結婚喜慶的時候彼此聚集，宴席上是白飯、豆湯，加上一些細切的熟肉。

但是現在的民間，宴席上是一盤一盤的菜，堆滿了整張桌子；炒鼈肉、煎鯉魚、魚醬蒸鹿肉、枸醬煮鶉鷃、醬醋鮐魚鱧魚，各種菜色，各種滋味都出籠了。

古時候，老百姓春天和夏天下田耕耘，秋天收割，冬天儲藏；從早到晚努力工作，白天做完晚上繼續。詩經上說：

『白天割了茅草呀，
晚上就編成繩子；
趕快爬上去修理屋頂呀，
新的播種季節又要到了。』

描寫的就是古時候的農人勤勞的心情；他們不到臘月過年不休息，不到祭祀時節沒有酒肉可吃。

但是現在，社會上結婚喜慶的宴席，一家跟著一家接連不斷，每天醉酒的人倒佔了一半；聽說有宴席可吃，農人們丟下工作就去參加，從不考慮收成不好的日子怎麼辦。

古時候，老百姓平日吃粗米飯和蔬菜，只有在鄉里應酬、臘月過年、祭祀神鬼的時候，才有酒肉可吃。所以，諸侯沒有事的時候不殺牛羊，士大夫沒有事的時候也不隨便殺豬殺狗。

但是現在，街巷有賣豬肉的，田邊也有殺牛羊的，沒有節慶和大事照樣也殺豬煮肉，聚集在野外打牙祭。到處看得到有人背著一袋白米去，帶著大塊肉回來。

要知道，一條豬的肉的價錢，相當於普通家庭的一年收成；十五斗米，相當於一位壯男半個月的糧食呀！

古時候，老百姓用魚和豆子祭祀鬼神，春天和秋天各一次整理祖先的墳墓。士階級可以有一座祭祖的廟，大夫階級可以有三座，依照季節祭祀五種神祇，但沒有出門到外頭的祭典。

現在的有錢人，祭拜名山，祭拜大河，殺牛敲鼓，擺木偶戲班表演，不一而足。中等家庭也祭拜南君、當路諸位神祇，在水上搭起高台，殺羊殺狗，鼓瑟吹笙。即使是貧窮人家，也得設法弄出鷄、豬等五種牲品，上貢菜蔬，分送臘肉，鄉里廣場都擠滿了來吃拜拜的車輛。

古時候的人，以修養自己的德行來追求幸福，所以祭祀的次數並不多；他們以培養自己的仁義來追求吉利，所以很少求神問卜。

但現在的社會風俗，不要求自己的修養，卻去請求神鬼的幫助；不重視社會禮儀，却對祭祀非常認眞；不愛自己的親人，却拼命巴結有權勢的人；胡思亂想之餘，對占卜非常迷信；聽算命騙人的話，却存着僥倖得逞的心理；花錢送東西，換來的却是空幻的幸福。

古時候，君子日夜努力發揮他的仁德，百姓也日夜努力運用他的勞力。因此，君子不是空口吃白飯，老百姓也不是社會寄生蟲。

但現在的社會風氣，虛僞詐騙非常流行；有一些人當起神棍來，假裝替百姓做法術，騙一些祭品和酬金；厚臉皮加上能言善道，有的人竟也因此賺大錢發大財。所以，一些怕做事的懶人，不去種田改學算命；結果，每條街巷都有巫婆，每個村里都有神棍。

古時候，臥床不加横木，沒有樠木做的床，也沒有栘木做的桌子。到了後來，老百姓砍下木頭的樹幹，找來樠木製床。但士階級不修飾床板，大夫階級也只舖張草蓆而已。

現在的有錢人，床上圍上刺繡花紋的帷帳，床脚塗漆，床身也畫上各種顏色。中等家庭的床，也高掛布幔、塗紅漆、繪圖案。

古時候的人睡在毛皮或草堆中，沒有蓆子、墊子那種舒服美麗的附加品。

到了後來，士大夫階級可以舖一張剪平的單面草蓆；老百姓則胡亂拿草和繩子編一編，墊一張簡單的草蓆或粗竹蓆就打發了。現在的有錢人，床上舖的是刺繡的軟墊毛氈，要不就是蒲蓆和凉榻。中等家庭則以獏皮或代地生產的毛氈，床前還舖了踏脚的草蓆。

古時候的人，不買現成的食物，不在街上吃飯。到了後來，才有了賣豬肉、賣酒、賣魚鹽的小店。但現在，到處有賣吃的攤販，各種熟食都有；老百姓耕種不認眞，吃飯却搶時間；街上看得到的賣食，有楊柳燒肉、韮菜炒蛋、薄切狗肉、魯汁馬肉、煎魚、切肝、醃羊肉、醬鷄冷盤、馬乳、酪酒、肉乾胃脯、羊羔、豆餅、燉鳥湯、雁肉羹、腐鮑魚、甜葫蘆、熟飯、烤肉等，洋洋大觀。

古時候的人，用土做鼓，石塊做鼓槌，敲木頭打石頭發出樂聲，就可以盡情歡樂。

到了後來，卿大夫階級有管樂和磬等樂器，士階級有琴瑟等弦樂器。從前，民間的應酬酒會，各村里都拿出他們的民謠，也只是彈箏和敲缶而已。没有那些精巧微妙的樂音，也没有曲調的轉換。

現在的有錢人，擁有鐘、鼓等五類大樂器，演奏歌曲的樂師有好幾班。中等家庭也吹竽、彈瑟，鄭國舞女和趙國歌女的歌舞成爲普遍的流行。

古時候，人死了用瓦棺盛了屍體，或在木板棺材外包一層燒冶的土，只要能夠收拾一個人的遺體，留下他的頭髮牙齒就可以了。

到了後來，桐木棺材外不再加外棺，棺木也不雕琢修飾。

現在的有錢人，棺木表面雕刻各種花紋，外面再加外棺。中等家庭也以梓木爲棺，梗木做外棺。貧窮人家則在棺木外舖上布袍或繡花布，或用繒帛做成布袋裝起來。

古時候，陪葬的器物只有造形，不能使用，是爲了提醒老百姓不要太費力氣。

到了後來，陪葬的酒器也裝滿了酒，又有木馬、木偶陪葬，但東西並不完備。

現在，陪葬的東西既多又値錢，器物和活人使用的沒有兩樣。地方官吏死了甚至用木刻的車輛來陪葬，窮人家活人都沒有足夠的衣服穿，有錢人陪葬的木偶却穿高級絲織衣服。

古時候死人的埋葬，不堆土爲墳，也不種墓樹，安慰死者靈魂時，直接回到墓前祭拜他；墓旁不另外設土壇、廟堂。

到了後來，才有堆土爲墳的習俗；普通老百姓的土墳高約半仭，隱隱約約不一定看得出來。

現在的有錢人，在墳墓上把土堆成山丘，種植成排成列的樹木；有的還建平台、涼亭和一座連一座的閣樓，大量地塑造景觀，建造樓房，弄成很大的氣派。

中等家庭也在墳墓旁邊蓋個祠堂或涼亭，圍着土垣或雕花鏤空的牆。

古時候，鄰居有喪事的時候，不用杵搗舂以免吵到人家，不在巷子裏唱歌以免妨礙喪家的憂思。孔子在有喪事的人家隔壁吃飯，從來不曾吃飽；孔子如果參加了喪禮，那一整天就不再唱歌。

現在的社會風氣，人死了却儘情大吃大喝，大小妻妾在喪禮上吵吵鬧鬧，有的人還請來歌女舞女和唱戲的演員，在喪禮表演歌舞和笑劇，一點哀傷憂思的氣氛都没有了。

古時候，男女結婚喜慶的禮服，並没有一定的規定。到了虞、夏以後，才習慣穿外面縫布內面縫絲的衣服，配上象牙耳環、髮夾等飾品，只有貴族新娘才披上錦布細絹縫製的嫁衣。

現在的有錢人，穿的是紅貉皮衣，配的是珠串項鍊和美玉環珮。中等家庭的新娘，也穿長裙蓋頭巾，配玉製的髮簪和耳環。

古時候的人，父母活着的時候奉養極盡愛心，死去的時候，送葬極其哀傷。所以聖人制定標準，要大家節制哀傷，而不是加上一些虛假的儀式。

現在的人，父母活着的時候不孝順敬愛，死的時候却以葬禮的奢侈為驕傲；雖然一點也沒有哀傷懷念的心，只要花大錢辦隆重的葬禮，就被社會稱贊為孝順，知名度也提高了，在社會上也很有面子。因而一般老百姓都紛紛模仿學習，辦一個喪事，甚至要賣房子和田產。

古時候的夫妻制度，一男一女是結成家庭的基本原則。

到後來，士可以有一個妾，大夫可以有兩個妾，諸侯也只能有九個小太太。

但是現在，一個諸侯有上百個妻妾，卿大夫有幾十個；中等家庭也有幾個妾，有錢人的小太太更是一屋子都是。這種婚姻制度之下，有的女人得不到愛情的滋潤而哀怨痛苦，有的男人却一輩子沒有伴侶。

古時候，收成不好的年份政府就不儲存稻米了，收成好的年份政府才儲蓄米穀，以補凶年的不足；農業生產可以維持一致，不受收成的影響而改種別的作物。

現在的工人態度不同了，政府官吏的想法也不一樣了。收成不好的時候還要求老百姓出公差，掩蓋社會貧苦的現象。他們一心一意想建立做官的業績，努力於各種表面功夫。累積政績以爭取聲望，全不體恤人民的痛苦。田地荒廢沒人耕種，而地方政府的招待所却裝飾得豪華氣派；城裏老百姓的房子村落殘破不堪，官方的城牆却修得高大壯麗。

古時候的人，不把人力花費在侍候禽獸身上，政府也不拿老百姓的納稅錢來養狗養馬，因此財用足夠而人力有餘。

現在，養一些不能耕種作工的稀奇野獸，却要求種田的農人來飼養牠們。有的老百姓穿着破破爛爛的粗布衣服，而狗、馬却穿着刺繡花紋的上等衣料。有的老百姓甚至沒有米糠粗飯可吃，而那些豢養的寵物却吃白飯燒肉。

古時候的統治者，全心處理國家大事而且愛護他的下屬，只有在適當的時候才要求人民服勞役；皇帝以天下爲他的家，所以大臣官員都按適當的時候出任公職——這是從古至今最根本的道理。

但是現在的政府官員，養了一大堆奴婢，平白接受官家給衣食，私自經營產業賺取不法利益，該做的公事卻不盡力，政府官員已經失去他實質的意義了。

老百姓有的連一粒米屑的儲蓄都沒有，而官家的奴婢累積了百金的財富；老百姓從早辛苦工作到晚，官家的奴婢却遊手好閒，到處嬉遊，這是多不公平的事呀！

古時候的倫理，對近親比較照顧，對外人比較疏遠；重視自己的民族同胞，比較不重視外族人。政府不獎勵沒有功勞的人，不供養不做事的人。

但現在，那些從蠻、貊來投奔我國的外國人，受到政府的禮遇，在公家機構神氣得意，住豪華房宅，白領政府薪水。

有的老百姓吃了早飯，就不知晚餐在那裏，而這些外族人連酒肉都吃得膩了；老百姓流血流汗努力耕作，而這些外族人正懶洋洋地坐在椅子上休息呢！

古時候，老百姓穿木屐草鞋，頂多繫條絲繩、皮帶而已。

到了後來，就有麻編的鞋子和鞋帶，也有皮革縫製的皮鞋。

現在的有錢人，找最有名的鞋匠來縫製皮鞋、皮革先細細磨亮，鞋的內裡襯著絲絹，編麻做成鞋帶、鞋面和鞋跟再鋪上緞布做爲裝飾。中等家庭所穿的鞋子也講究製作，用上好的蒯草編成草鞋，精緻而堅固。家裏的奴婢妻妾更是穿著皮底絲織布鞋，連僕役都穿毛絨布鞋，鞋頭還繫著鼻狀的裝飾品。

古時候的聖人，不但勞動身體培養意志，更要求自己克制慾望穩定情緒；他們尊重自然，熱愛大地，努力實踐對人民的恩惠和照顧。因此，上天非常高興，賜給他們長壽和豐收，你看堯帝的眉毛優美而散發著光澤，治理國家達一百年之久，就是他的仁德得到上天照應的緣故。

到了秦始皇，他相信鬼神，沈迷法術，派盧生去找仙人羨門高，又派徐福等人到海上尋找不死之藥。在那種氛圍之下，燕、齊一帶的讀書人紛紛丟下鋤頭，著搶談論神仙法術；因而咸陽就聚集了上千位的方士，都說仙人吃黃金喝珍珠，才能和天地一樣長生不死。

秦始皇相信這些說法，幾次訪五嶽，到海邊旅行，希望能找到神仙或蓬萊仙境一類的東西。他幾次所到的地方郡縣，有錢的老百姓得捐錢出來招待，窮人則出力爲他築路。後來，老百姓吃不消了，窮人開始流亡，有錢人則藏匿財產；秦朝官吏卻到處搜捕，當街阻攔車馬，完全不根據道理法令。結果，在皇帝的各個宮殿附近，人民都搬走了，房舍都空了，不長草、不種樹；老百姓不再擁護政府，心中怨恨政府的人十個倒有五個。

尙書裡說：『奉獻最重要的是禮，如果禮比不上奉獻的物資，就不叫奉獻。』因此，聖人肩上只背負著仁德正義，面前只擺著正確的原則。所以，老皇帝要殺文武、五利等人，建立學官制度，親近忠誠賢能的人；都是爲了消除神經邪惡的源頭，而開拓通往完美德行的大路。

宮殿建築奢侈豪華，是林木資源的害蟲；雕琢器械不重實用，是錢財資本的害蟲；衣服穿著美麗考究，是布匹生產的害蟲；狗和馬吃人的糧食，是稻米糧食的害蟲；講究口腹慾望的滿足，是魚肉生產的害蟲；公共支出不節約省用，是國家財政的害蟲；存糧外流而不禁止，是農業生產的害蟲；喪禮祭祀沒有節制，是妨礙活人生活的害蟲。

事情做了一半突然改變，對人力資源運用非常有損；政府鼓勵工商產業，對農業生產也有壞的影響。花一百個人的力氣去做一個杯子，花一萬個人的力氣去做一面屏風，這種資源配置扭曲的情形，對國家的害處太大了。影響所及，大家追求的是物質享受，眼睛喜歡看各種顏色，耳朵要聽各種聲音；身體要穿又輕又軟的衣料，嘴巴追求各種甜美的味道。人力資源都花費在無用的東西上，資本財富都消耗在不切需要的事情上。口腹慾望的享受已經到了不能再高的地步了。

因此，國家如果有資源配置不當的病狀，政治就危險了，人體如果有營養分配不均的病狀，身體也就危險了。

聽完這位賢良對資源配置不當的事實描述之後，丞相車千秋面色不改，從容地發問說：「那麼，資源配置不當的毛病又該如何補救呢？」

討論時間

討論漢代社會資源利用不當的這一段話，是「鹽鐵論」一書中相當重要的一篇，因爲賢良非常仔細地列舉了當時社會資源浪費的卅一項事實，對後代的人了解漢代社會狀況有很大的幫助。

賢良提出的社會事實，大抵上都用比較的方法，先說「古時候」如何，再說「到了後來」如何，然後說「現在」如何。我們如果細讀這一節，應該發現這三者之間是有一些象徵性的意義在的。譬如賢良所說的「古時候」，往往是他心目中理想的社會資源使用，未必是歷史上的真實情形；賢良所說的「到了後來」，才是歷史上的「古時候」。也就是他所提出的資源不當利用現象，是拿「當時的資源使用情形」，「過去的資源使用情形」和「理想的資源使用情形」三者做比較，藉以清楚表達他們反對的理由。

有很多人聽到儒家，就聯想到保守的、落伍的，但在這一節裏，我們可以看到儒家知識份子在漢代社會所扮演的角色，顯然不能適用這些形容詞。譬如對喪禮的看法，賢良認爲應該節制，只要盡哀思就可以了，不必典禮隆重；棺木只要能掩蓋屍體就行，不必厚棺采衣；墳墓不必堆土、不必種樹、不必立祠。這樣的看法，對當時講究孝順的社會，是很具叛逆性的。可見，當時的儒家知識份子追求合理、自由的勇氣與精神，都是激進的。

你是不是也注意反省一下，儒家知識份子在這一節所表現對家庭、祭祀、卜筮、婚嫁、音樂的看法，與你平日想像的儒家一樣不一樣？如果不一樣，平日我們對儒家的錯誤印象，是怎麼來的呢？

資源配置不當的補救

賢良指出社會上資源配置不當的三十一項事實之後，丞相車千秋默認了這些現象的存在，進一步追問解救之道；一位賢良立刻站起來回答說：

「補救邪曲不法的現象，要用正直的方法；補救做表面功夫的風氣，要從本質上著手。

當年，晏嬰擔任齊國丞相，爲了教育百姓的節儉風氣，他自己一件狐皮衣服穿了三十年。所以，人民奢侈的時候，要示範節儉感化他們；人民節儉了，才示範禮儀教育他們。

現在，如果各級政府首長的子孫能夠節約馬匹車輛，衣服不要太豪華；親身體驗儉樸的生活，做樸實敦厚的表率；廢掉園圃池塘的禁令，減少住宅田產的購置；不到市場上做生意，不壟斷礦山海底的資源；讓農夫可以發揮他們的生產力，讓女工可以賣出她的手工藝品。只要能夠做到這樣，氣脈就通暢平和，資源配置不當的病症也立刻就痊愈了。」

御史丈夫桑弘羊在一旁揷嘴進來，反駁賢良的看法說：「沒有父母的孤兒喜歡討論孝道，跛脚的人喜歡談論拐杖；窮人喜歡談論仁德，小人物喜歡討論治國的大道理。和自己沒有關係的事情總是容易討論，在一旁動口批評的人總是好像很有道理，等到他們眞正主持事情時，卻又手忙脚亂弄成一團糟。

從前，儒家的公孫弘當了丞相還天天穿著粗布衣裳，大夫倪寬也穿白布袍子，兩個人的衣著好像奴僕，飲食也和普通人一樣。但是他們在位的時候，內有淮南叛亂，外有匈奴侵犯邊境；盜賊禁止不了，社會風氣也奢侈而不節儉。

可見，你們儒家知識份子就好像以巫術治病的巫醫一樣，只會賣弄口舌而已，怎麼能夠治療資源配置不當的病呢？」

另一位賢良站起來回答說：「高祖皇帝的時候，蕭何、曹參擔任政府最高首長，夏侯嬰、灌嬰這些人都擔任政府主管官員，政府機關的人才眞是多啊！到了文帝、景帝的時候，以及武帝建元年代初期，大臣之中還堅持著爭取社會正義的原則。

在那之後，官員大多逢迎皇帝的意思，順著皇帝的慾望做事，很少官員敢當面說實話，批評政策的不當；利用公家權利，增加私人利益的官吏倒愈來愈多。所以，才會有丞相田蚡爲了個人的房地產，在皇帝面前爭執辯論這種事情發生。

九層的高臺一傾斜，即使是公輸子這樣的巨匠也不能把它扶正；政府機關一旦腐敗，伊尹、姜太公那樣的良臣也救不了。

所以，公孫丞相和倪大夫身處於腐敗的環境之下，雖然分出薪水培養人才，謙虛客氣對待賢士，政績功勞非常顯赫，力氣却愈來愈小，而朝廷也沒有子產那樣的人能繼續發揚他們的理想。

然而，像葛繹侯公孫賀、彭侯屈氂這類人，破壞法治，搞亂了政府體系，把政府的招待所和辦公室拿來做馬廐和奴婢宿舍；對人才沒有禮貌，一付驕傲得意的神氣；把廉恥丟在一旁，只顧去爭取個人利益。難怪老百姓沒有人擁有好的農田、和寬大的房子，這些東西都被那些人搶走了！

整個政府機關中，都是一些沒有羞恥、搜刮財利的人；各地方政府中，都是一些擁有大批田產和牲畜的人。他們在路上攔下車馬，任意施暴搶奪，在政府官員居住的大房子旁邊，道路沒人敢走。這種現象，正是最難醫治的地方。」

最後這幾句話，字字刺中了大夫桑弘羊的要害；桑大夫臉色一下子轉爲鐵青，閉著嘴久久不肯講話。

討論時間

對於資源配置不當的病症，賢良主張用節儉來醫治；而桑弘羊認爲節儉對社會政治毫無幫助，並舉出例子，說公孫弘、倪寬兩個高官很節儉，但社會一樣亂呀！你認爲呢？節儉是不是能够解決所有的社會問題？節儉能不能對社會有所幫助？對於奢侈浪費的風氣，有什麼別的補救辦法？

桑弘羊認爲說話容易做事難，所以他說「沒有父母的孤兒喜歡討論孝道，跛脚的人喜歡談論拐杖；窮人喜歡談論仁德，小人物喜歡討論國家大事」，你認爲這種批評有道理嗎？知識份子討論國事，是不是真有酸葡萄的心理呢？

第九章　國防規模的爭論

天災與政治

對資源配置不當的激烈爭論，使辯論的場面到達最高潮；之後，丞相車千秋與大夫桑弘羊又分別就幾個主題，與賢良展開了意見的爭辯；最後，賢良再提出社會上農業生產的受挫，來批評政策的不當。

然而，大夫桑弘羊認爲，農業生產的豐歉，往往要看自然界的氣候而定；農業生產的受挫其實來自不可抗拒的力量，並非施政者的過失。桑弘羊發言時指出：

「大禹、商湯，算是最了不起的統治者了吧，后稷、伊尹，算是最有才幹的宰相了吧，但是，天下還是有水災和旱災。

大水、乾旱，那是自然界的現象；豐收、歉收，那是陰氣陽氣的輪流變化，不是人爲因素所導致的。太歲星的定數在陽，就鬧旱災，在陰就鬧水災；六年輪一次歉收，十二年輪一次大饑荒。這是自然界的生態平衡，絕不是主管單位的過失呀！」

一位賢良站起來反駁說：「古時候，當政府施行德政，陰氣與陽氣就自然調和，星辰的運行就合乎秩序，刮風下雨就符合季節。一個人在家修養德行，聲名會流傳到外面；一個政府照顧百姓，自然界會賜給人們福氣。

當年周公施行德政，天下太平無事，國家沒有人夭折，農業生產從來沒有歉收。在那個時候，雨不會大得沖開泥土，風不會刮得樹枝嗚嗚叫；十天下一次雨，雨在夜裏下；農田不管是平地或山坡地，都能豐收。詩經上說：

『天上鋪滿濃厚的雲層呀，
雨水輕輕緩緩地落下來！』

描寫的就是這種人與自然界之間和諧的境界。

現在，你們不反省眞正的原因，動不動就說：『這是陰氣陽氣的自然變化。』這完全和我們所聽到的情形不一樣。

孟子曾經說：『郊外有餓死的人，卻不知道開倉救濟；在上位的人所養的豬狗，吃得比老百姓還好，卻不知道自我檢討。做老百姓的父母官，遇到老百姓餓死了，卻說，這不是我的錯，是天災收成不好呀！這種藉口，就好像拿刀子殺了人，卻說，不是我殺的，是刀子殺人呀！』

眼前最重要的事情是：消除饑寒的威脅，廢除鹽鐵制度，抑制投機暴利，重新劃分土地，促進農業生產，鼓勵種桑種麻，提高土地生產力等。節約公共支出，減少勞役人民，百姓自然就富足。如果能做到這樣，水災旱災構成不了威脅，收成不好也不會拖累百姓。」

御史大夫桑弘羊發言說：「討論問題最好能夠言語簡潔，意義明確，可以讓一般人都聽得進去；而不是堆砌文藻、賣弄名詞、囉嗦多話，妨害了主管單位改善風氣的政策。

有一些老百姓，靠做生意過活；農業和商業是不同的謀生途徑，一個家庭可能同時從事幾種行業，才能維持生活。

現在由我們政府來鑄造農業器械，使老百姓專心從事農業生產，不再靠做生意賺錢，也就不會有饑寒的威脅。這樣，鹽鐵官賣制度有什麼害處大到必須廢止呢？」

一位賢良站起來回答說：「農業，是國家最重要的基礎產業；鐵器，是老百姓最重要的生活必需品。農用器械如果便利的話，使用的人花很少力氣可得到較多的收穫，農人就願意努力工作增加生產。農用器械如果不便利，田地就會荒廢，稻穀就會減產，農人不願意花力氣生產，耗同樣的力氣也只有一半的效果。所以，器械的方便與不方便之間，生產成效相差十倍以上。

現在，政府統一鑄造鐵器，生產的大部分是大型器械；鑄造又必須按照一定的標準規格，不符老百姓個別的需要。官方生產出來的農用器械往往品質不佳，刀鋒鈍而不利，割草連草都不痛。農夫耗費很多體力，生產反而減少，因此老百姓生活就困苦啦！」

御史大夫桑弘羊反駁說：「在鑄鐵公營制度底下，政府雇用工人技匠，每天上班生產鐵器，資本雄厚，設備完善。

而一般民間的鍊鐵廠，生產時間緊湊，急著趕緊出售，鐵往往鍊得不夠精純，軟硬不協調。

所以，主管當局建議統一鹽鐵專賣，使器械的品質規格一致，也維持它的價格低廉，讓老百姓生產上得到便利。即使是舜帝、大禹的政治成績，也不一定超過這一項成就。

在我們官營的煉鐵業裏，有擔任設計指導的官員，有依照設計程式生產的工人，鐵器的軟硬程度恰到好處，器械的使用非常方便。這對老百姓的生活會造成什麼痛苦呢？農人對官營鐵業有什麼反對呢？」

一位賢良再度站出來回答說：「從前老百姓還可以自由經營鑄鐵煮鹽兩業的時候，鹽的價格和稻米一樣，鐵器銳利而且實用。

現在政府製造鐵器，品質非常粗劣，生產成本又高；雇用工人很多，但生產力卻很低。

一般民間的鐵廠，父親兒子共同出力，都想努力製造良好的器械，造得不好就不拿出去賣。農耕忙碌急需器械的時候，民間企業還用車子運著農具到田地去送貨。老百姓和鐵器店裏交易慣了，有時也可以用稻米實物去換鐵器，有時也可以賒帳，不至於停頓了耕作。

農具的購買完全根據個人的需要，因而節省了很多力氣。政府有時候發動百姓，修理道路舖設橋樑，老百姓也都樂意協助。

但現在，所有鐵業由官方統一經營，價格劃一沒有彈性，器械大多品質粗劣，好壞無從選擇。

主管官員常常不在，農用器械也不容易買到，一般人不能多買鐵器儲備，放多了容易生銹。所以，農夫常常丟下重要的耕作時間，跑到遠地去買農具。

鹽和鐵價格昂貴，老百姓負擔不起。貧人家甚至只好用木器耕種，用雙手翻土，飯菜不加鹽。

鐵官的器械賣不出去時，常常強迫百姓分攤購買。工人製造鐵器不合規格時，又要求老百姓出力幫忙。徵召勞役沒有限度，每個人的徭役都很吃重，因而老百姓感到非常痛苦。

古時候，一個擁有千戶人口的都市、或是擁有百輛戰車的諸侯國，農人、製陶器的人、工人、商人，四種行業的百姓可以滿足彼此的需求；因此，農民不必離開田地，就有足夠的器械；工人不必上山砍柴，就有足夠的材木，製陶器的人不必下田耕種，就有足夠的食米。百姓各自都得到滿足，而政府也不必費力氣。

所以，統治者努力於基礎產業，而不去追求投機利益；消除炫耀的心裏，阻止雕琢的慾望；以文化來陶冶百姓，以樸實來教育百姓。這樣，老百姓也會致力於基礎產業，不追求投機的商業利益。」

討論時間

天災的發生，到底有沒有人爲的責任？還是完全不可抗拒？桑弘羊認爲，天災的發生，是一定的自然現象，沒有人能够避免；賢良則認爲，如果人爲的制度健全的話，可以注意生態的維護，減少災害的發生，就算天災發生，也可以減少災害影響的效果。你認爲那一種看法比較有道理？

每當社會上發生重大災害或意外事故，輿論常常指責主管單位行政的不健全，才導致意外的發生。你認爲，意外事故也有「意料中」的因素嗎？你所看到的言論批評，對災害和意外的原因的假設，通常接近賢良還是桑弘羊？不同的假設是不是得出不同的責任看法？

對鐵器公營生產，賢良指出工人不認真，品質低落，價格貴又無所選擇；其實這是一切獨佔事業的共同缺點。你想想看，在我們社會上，只要是獨占的行業，是不是就有服務態度不佳、品質不好、成本高價格貴等現象？你能舉出那些例子？

戰爭與和平

在賢良與桑弘羊辯論鐵器官賣的利弊之後，話題再度轉到對匈奴的戰爭。御史大夫桑弘羊是主張作戰的一方，他首先提出理由說：

「俗話說：『賢人不忍受別人的侮辱。』從社會上的習慣來看，如果村子裏有壞人，百姓也會合力趕他出去。現在，英明的皇上領導我們，而匈奴竟然公開挑釁，侵略我們的邊境，這是違反仁義，欺負百姓的行爲，我們難道就不採取行動嗎？

從前，游牧民族狄人侵佔太王的領土，匡人使孔子有戒心㊀；可見，不仁的人正是仁德的敵人。所以，政府要加强軍事力量來討伐不義的人，要設置國防佈署來防備不仁的人。」

一位賢良站起來，指出漢朝與匈奴的糾紛來自於漢人不了解匈奴人的文化背景，他說：「匈奴民族生活在沙漠之中，擁有的是種不出糧食的土地，是自然界資源最匱乏的地方。匈奴人不蓋房子，沒有男女交往的禁忌；以草原爲村落，以帳蓬爲家室。穿的是野獸的皮毛，吃的是牲畜的血肉；聚集的時候從事交易，流動的時候放牧牛羊，生活好像中國的麋鹿一樣。

可是却有一些喜歡多管閒事的官員，不考慮匈奴民族特別的文化背景，要求他們行爲和漢人一樣，要求他們遵守漢人的社會規範，才會引起糾紛，使得國家打仗打到現在還不能停，長達萬里的邊境都要設防。這正是詩經上『兎罝』這首詩所諷刺的情形，也正是老百姓反對政府全力戰備的原因。」

桑弘羊再以君臣的關係，來解釋匈奴必須加以防備的理由，他說：「皇帝，等於是全國百姓的大家長；各地的人民，都應該盡臣民的責任，效忠服從。可是，皇帝還是得建城牆、設關卡、訓練軍隊、在宮殿周圍安排警衞，爲什麼？正是爲了避免危險和以防萬一呀！對效忠服從的臣民都要防備，何況匈奴根本沒有歸順中國；儘管沒有戰事發生，要想解除所有國防，怎麼可以呢？」

另一位賢良提出歷史上吳王夫差和秦始王滅亡的教訓，來反駁桑弘羊的國防理論，他說：「吳王夫差爲什麼會被越王勾踐打敗呢？這是吳王侵略鄰國、攻打遠方，戰爭耗去大量國力的結果。秦朝爲什麼會滅亡呢？因爲它對外防備胡人和越人，內政又失敗，兩種原因合起來導致了它的滅亡。

通常，對外發動戰爭，內政會先崩潰；國防本是爲了抵抗外侵，却先增加統治者的煩惱。因此，如果統治者掌握到方法，他會感化遠近的百姓，使他們歸服，像周文王就是這種例子。如果統治者沒有掌握到方法，連他的部屬也會變成敵人，像秦始皇就是這種例子。

文化衰落，軍事就會掌權；仁德完備，國防自然減輕。」

御史大夫桑弘羊也舉出漢武帝時代的經驗，認爲武力是平定邊境騷擾的唯一途徑，他說：「從前，中國四面的外族都很強，也都侵略我們的邊疆。朝鮮越過邊境，掠奪我們燕地的東部地區；東越跨過東海，掠奪我們浙江的南部地區；南越侵入國境，掠奪服令一帶；加上氐、僰、冉、駹、嶲、唐、昆明這些小民族，也騷擾我們隴西、四川一帶。

經過我們出兵討伐，現在三面的邊境已經完全平定了，只有北方的邊境還不安寧。

只要我們發動全面攻擊，匈奴得到教訓就會變乖；到那時，內外的國防可以全部解除，怎麼可以現在說要減輕國防呢？」

一位賢良站起來反駁說：「古時候，君子建立仁德維護正義，來安撫他的人民；使近的百姓風俗善良，使遠的百姓願意歸順。孔子在魯國當官的時候，前三個月就使魯國到齊國一帶的地方都安定了，再三個月就使安定的影響力到達鄭國；他致力於德政，使近的百姓安居樂業，遠的百姓心悅誠服。在那段期間，魯國沒有敵國的問題，也沒有邊境的威脅。他使政府裏頭跋扈的大臣改變了操守，成爲忠心而服從的部屬，季桓子要毀掉自己的城市，就是一個例子；他使大國畏懼正義，而主動修好外交關係，齊國歸還鄆、讙、龜陰等侵佔的土地，就是一個例子。

可見，政府施行德政，不僅僅能夠避免禍害，抵擋外侵，還能夠使自己想要的東西，不必追求而自然得到。

今天老百姓生活動盪不安，罪過在匈奴。但匈奴沒有固定的房屋居所，沒有田地的農業生產，他們隨著美草甘水而流浪遊牧；只要匈奴不改變他的生活方式，中國的邊境就不可能安定。他們的部隊，一下子可以聚集成龐大的軍事力量，也可以一下子解散成個別的騎士；我們的部隊，如果分散防守，就會被他們各個擊破，如果集中攻擊，他們立刻分散到沙漠之中。對於他們的攻防方式，根本不可能在短期內全面發動攻擊就解決得了。」

桑弘羊還不服氣，他再指出國防準備是有歷史以來不可或缺的基本需要，他說：「古時候，聖王討伐暴虐的國家，保護弱小的民族，安定並幫助即將崩潰的政權，使小國家的君主都很高興。

討伐暴虐的國家，安定動搖的政府，這樣，善良的百姓都願意歸附。現在，如果我們不和匈奴作戰，匈奴對邊境百姓的暴行不會停止；如果我們不防衞匈奴，老百姓只好服從敵人的命令了。

『春秋』裏頭，對諸侯出兵太遲都加以貶責，對諸侯不盡國防責任也加以諷刺。可見，動員軍隊，整頓國防，這是自古以來的基本需求，並不是今天才有的現象啊！」

剛才發言的賢良立刻反駁說：「匈奴分佈的地方是一片極廣大的草原，他們養的馬速度快而適應地形，在情勢上就是適合打游擊戰的部隊。他們部隊進攻順利的時候，像老虎一樣凶猛；遇到强敵就像小鳥一樣四處飛散；戰術上，他們也避開精銳的軍隊，專攻那些已經疲憊不堪的軍隊。

我們要和匈奴作戰，動員人數少了沒有辦法和匈奴對抗，動員人數多了人民就吃不消了。勞役太多，人力資源就會供應不足，花費太多，國家財政就會匱乏。兩者循環不停，老百姓心中就會怨恨政府。秦朝政府就是這樣失去了民心，喪失了政權。

古時候，天子的封地只有一千里，百姓的勞役不超過五百里，工作的聲音彼此可以聽得到，生病的時候彼此可以照顧得到。沒有出征太久的軍隊，沒有超過時限的勞役；注意人民的感受，適當運用人民的勞力。因此，受徵召服勞役的人努力爲國工作，未受徵召的人在家致力生產。

現在我們動員國內的軍隊戰馬到邊疆去守衞，軍人離開家鄉千萬里，每個人雖然身在塞外，心裏却懷念著年老的母親。在國內，軍人的老母親天天哭泣，妻子也憂傷怨恨，時時刻刻在想，他挨餓了嗎，他受涼了嗎？

詩經裏頭有一首詩寫道：

從前我出門去打仗，
楊柳依依好春光。
如今歸來已嚴冬，

大雪紛飛好寒冷。
道路難行慢慢走，
又饑又渴好難受。
我的心裏傷感又悲哀，
悲哀沒人能了解。

描述的就是征人遠去遲歸的心情。

因此，皇上同情征人的心情，憐憫他們長期離別父母妻子兒女，在草原上遭受日晒雨淋，生活於寒冷、物質短缺的地方。才在春天派遣使者前往慰勞獎勵，並檢舉不盡職的軍官，做爲對出遠地的士兵的關懷，對征人父母的安撫。

雖然皇上的德意和恩惠都很厚重，但管理官吏不見得完全遵從政府指示來照顧軍隊，甚至有欺侮士兵、私賣物資、不顧士兵的勞累要他們一個人做兩個人的事，或是不合理地指使他們等情形。因而有士兵逃亡的事，而令征人的老母妻子怨恨政府。

從前，宋伯姬守寡卅年，她的哀怨導致了宋國的大火災；魯國的宮女情意不順，她的哀怨引起了魯國皇宮的火災。今天天下心中怨恨的人，不只是一位西宮的宮女，一位宋國的老母而已，而是千千萬萬怨恨的老母和妻子啊！

『春秋』裏，對每位諸侯動員百姓都加記載，因爲孔子認爲勞動百姓是大事。『春秋』裏也特別記載宋國人圍長葛，正是諷刺宋國勞役人民的時間太長了。君子的用心，應該像孔子寫『春秋』這樣啊！」

桑弘羊大夫聽了，沉默沒有回答。

討論時間

桑弘羊基於獨立的國防理由，主張要加強戰備；而賢良認爲國防與內政是不能分割的，擴張武力反而會影響政治的安定，你認爲那一種說法合理？你認爲加強武力，國家是不是一定強盛？舉幾個例子來想想，越南在淪陷之前，它所擁有的新式武器和軍事設備，在全世界排名第三，結果淪亡了。伊朗在巴勒維國王時代，擁有中東地區僅次以色列的最強大軍事力事，結果被倒臺，不得不流亡海外而死。

賢良從老百姓的角度，把人民反戰的心情說明得非常清晰，並且指出軍隊各種黑暗面。你能不能把軍人的痛苦和漢武帝的武功（所謂「大漢天威」）連結在一起，指出個人的感受和歷史的成績有時候是矛盾的？這麼說，有很多歷史成就是不是很沒有意義呢？

政府與人民

對賢良的各種批評和意見，御史大夫桑弘羊認爲最不能忍受的，是賢良對政府權威的挑戰，動不動就說老百姓如何如何，全不考慮政府的立場與權力。桑弘羊因此再提出人民與政府的關係，來反駁賢良的意見，他說

「部分心存不軌的老百姓，擾亂國家的經濟政策，其目的是想要爭取壟斷礦山海底資源的權利。

假如按照文學，賢良的意見去實行的話，利益都給老百姓得去了，政府一點好處都得不到。你們儒家知識份子，對政府所做的事就批評這批評那，對政府所說的話就出言諷刺；專門想要減少政府的利益，包庇老百姓的利益；讓皇上蒙受損失，而讓臣民享盡好處。你們這種想法，還有上下尊卑的秩序嗎？你們這種做法，難道合乎君臣之禮嗎？更不用問，你們難道會頌揚皇上對你們的恩德嗎？」

一位賢良站起來，針對君臣之間的關係提出反駁說：「古時候，統治者對老百姓的要求和賦稅有一定的限量，對自己的生活享受也有一定的節制；豐收的年份不剝奪人民多得的收穫，歉收的年份則放寬稅賦的課征。徵召人民的服勞役，一年不超過三天；按照田地納稅，不超過收成的十分之一。君主關心人民照顧人民，人民出錢出力報効國家，政府與百姓彼此爲對方著想，因此天下太平。君主心裡想：『希望你們的私田能大豐收啊！』這是政府關心百姓的表現。人民心裡想：『但願上天先下雨灌溉公田，再澆灌我的私田吧！』這是百姓以公家的任務爲先的表現。

孟子曾經說過：『從來没聽說有人行仁德却遺棄父母，講道義却不顧君主，這種人是不會有的。』君王眞正做到君王的責任，臣民眞正盡到臣民的義務，怎麼能說没有上下尊卑的秩序，不合君臣之禮呢？

到了周朝末期，統治者就不再關心百姓照顧百姓，却講究個人各種慾望的滿足和享受，君王生活奢奢，政府對人民要求的賦稅就多了；老百姓生活困苦，對公家的需求就不熱心了。人民對官方不滿，以公田的怠耕來發洩，政府不得不改行『履畝』㈠的稅制了；『履畝』稅制一施行，老百姓更加不滿，就有『碩鼠』㈢這種諷刺君主暴斂的詩產生了。

當年，衞靈公在冬天最冷的時候，徵召老百姓挖池塘。他的臣子宛春勸他說：『天氣太冷了，老百姓會凍得吃不消，希望您能停止徵召勞役吧！』

衞靈公詫異地說：『天氣冷嗎？我爲什麼不覺得冷呀！』

這種不知老百姓的痛苦的君主，就有人批評說：『生活安樂的人不知道同情生活困苦的人，吃得溫飽的人不知道救濟沒有飯吃的人。』

所以呀，家裡白飯魚肉吃不完的人沒辦法和他談生活的窮困，過著安逸享樂生活的人沒辦法和他談工作的辛勞。

住在高樓大廈，廳堂寬敞的人，不會了解住在小茅草房子，屋頂漏水、地板潮濕的人的痛苦。

家裡擁有四百匹馬，房子內堆滿錢財貨物，倉庫裡儲存許多新米舊米的人，不會了解吃了早飯沒有晚飯，急著到處借錢的人的困窘。

擁有龐大房產和池園，手底下的良田一塊接一塊，這種人不會了解，沒有尺寸地產，全靠勞力糊口的人的辛苦。

畜養的馬匹遍佈整座山，牧養的牛羊擠滿整個河谷，這種人不會了解，連一隻小豬瘦牛都沒有的人的貧窮。

每天可以舒舒服服躺在床上睡大覺的有錢人，不會了解每天籌不到錢還債，付不出官吏要收繳的稅賦，這種人的憂愁。

穿著高級絲料和上等皮鞋，吃白飯啃大肉的人，不會了解粗布短衣的寒冷，和米糠粗飯的難吃。

優閑坐在房子臥室裡，端著盤子輕鬆吃東西的人，不會了解在田裡流汗翻土耕種的人所花的力氣。

乘坐堅固的車子，騎著健壯的好馬，一出門馬匹成列行進的人，不會了解挑著擔子在路上步行的人的辛勞。

睡在柔軟的床上，舖著毛氈蓆子，服侍的妻妾站滿兩旁，這種人不可能了解，拉車上高山，縴船逆急流的人的辛酸。

穿著又輕又暖和的衣服，披著漂亮的皮衣，住在溫暖的房子裡，坐在安穩的車子中，這種人不會了解，駐守邊疆要塞，轉戰胡代各地，飽受西北風吹刮的士兵的寒冷。

夫妻恩愛，子孫養育得白白胖胖的人，不會了解親人的長相離別，如何使老母親形容憔悴，如何使妻子哀怨獨守空閨。

耳朵聽著各種悅耳的音樂，眼睛看著小丑和演員的娛樂戲，這種人不會了解，冒著下雨一樣的飛箭，在戰場抵抗敵人入侵的人的危險。

坐在東窗下的桌前，動筆玩弄法律文字決定訴訟勝負的人，不會了解手銬脚鐐栓得有多緊，棍子棒子打在身上有多痛。

坐在氈毛墊子之上，看著地圖調動軍隊，好像很容易的樣子，這種人不會了解，長途跋涉行軍的人的疲困。

從前，商鞅在秦國擔任宰相的時候，處死刑好像割草一樣隨便，動員軍隊打仗好像丟石子一樣不在乎。跟著部隊出征作戰的人，屍骨散在長城上也沒人收埋；服勞役轉運糧食補給前線的車子，一輛接著一輛，老百活活著出發，死了回來。這些士兵難道就不是人家的孩子嗎？

所以，君子應該是替別人設身處地著想，自己所喜歡的和討厭的都應該和天下人共同享受、共同承擔，絕對不把自己的快樂建立在別人的痛苦之上。從前公劉喜歡財富，他就推而廣之，讓全國的人家裡都有儲糧，出門的人都有乾糧。太王喜歡女色，他也推而廣之，讓全國沒有嫁不出去的少女，沒有娶不到老婆的單身漢。周文王制定刑罰，全國沒有人怨恨，周武王發動軍隊，士兵願意爲他死戰，百姓願意爲他出力。

「如果能夠做到這個境界，老百姓怎麼會怨恨吃苦？怎麼會批評政府的征稅呢？」

賢良這一段話說完，所有的大官首長都沈默下來，大廳內靜悄悄地好像沒有一個人的樣子。

這場辯論只好告一段落，大家不再發言。

御史大夫桑弘羊和丞相車千秋，兩人便把辯論的結果向皇帝報告說：

「賢良和文學不了解政府政策的情況，都認爲鹽鐵官賣制度是不恰當的。我們建議，爲了尊重民意，請先暫時廢止各地方政府的酒專賣，並廢除關內的鐵官。」

意見呈到皇帝那裡，皇帝便批准了。

討論時間

一場冗長的辯論終於告一段落，賢良在最後，把統治者和老百姓的生活懸殊，作了明顯的對比，爲廣大的貧窮百姓提出強烈的抗議，這是知識份子的真正精神。

在這一節中，御史大夫桑弘羊提出「君臣之禮」的觀念，認爲國民有負擔政府財政需要，和爲國當兵勞役等的義務；而賢良卻認爲，人民與政府的責任是相對的，如果政府不照顧百姓，人民也不必爲國家效勞。這兩種看法，你比較贊成那一種？從這個觀念引申出來，愛國是不是有條件的呢？擁護政府是不是也有相對的關係呢？

大辯論以後

從文學提出廢止鹽鐵專賣制度開始，到桑弘羊向皇帝報告辯論結果爲止，第一階段的財經大辯論終於結束。這一次辯論最具體的結果是，廢止了酒的專賣，以及關內的鐵官。

事實上，緊接著第一次大辯論之後，還有第二次辯論，辯論的記錄也收在桓寬的「鹽鐵論」裡頭，共有十八篇。

第二次辯論，參加的人完全相同，討論的主題也很接近。不過第二次辯論當中，雙方花費了比較多的力氣討論其中兩個問題，一是匈奴的問題，一是刑罰的問題。

匈奴問題，一直是漢代政治家無法逃避的現實。整個漢朝經濟政策的演進，與對匈奴的政策有密切的關聯；而漢朝經濟政策對人民的傷害，正是決定於漢朝政府對匈奴和戰的取決。因此，在辯論中文學賢良這一方，必須說服政府改變對匈奴的政策，進而才有可能全面更換經濟政策。這是匈奴問題在第二次辯論中成爲主題的原因。

刑罰問題，也與漢代財經政策有關。漢朝政府爲了攻打匈奴，實行了戰時經濟政策；戰時經濟政策對人民的限制和負擔都極爲沈重，必須配合嚴厲的刑罰，才能使老百姓完全服從。因此，到了漢武帝末期，官吏使用刑罰的殘酷與泛濫，已經是超出人民所能忍受的程度。在第二次辯論中，文學和賢良的一方力陳酷刑的流弊，主張經由經濟政策的轉換，一併消除這個現象。

對於匈奴和刑罰兩個問題，桑弘羊的主張和文學正好相反。桑大夫認爲，匈奴不可信賴，不能用和親政策與他們維持和平；而且漢帝國以大事小，有損威嚴，因此他主張，應該力戰匈奴，直至完全擊潰爲止。

對於刑罰的問題，桑弘羊認爲，老百姓有善有惡，非用刑罰來維持社會秩序不可，用禮讓來管理百姓是不可能的。進一步，桑弘羊還主張用重刑，才能遏阻犯罪；也贊成連坐法，認爲對社會秩序非常有幫助。

雙方對這些問題，仍然是你來我往，舌戰不休。

然而第二次辯論並没有任何具體結論，也没有發生立即轉變政策的影響。在最前面，我們曾經談到，這場大辯論的產生，還有霍光、桑弘羊鬪爭爭權的因素在裡頭。因此，這場辯論雖然没有大幅改變經濟政策，在權力鬪爭上却是見了分曉。

經過這一場辯論，文學賢良對經濟政策的大肆批評，嚴重打擊了桑弘羊的政治聲望，辯論結束後，桑弘羊的地位已經陷入了霍光設計下的危險狀態。第二年，桑弘羊涉嫌參加一場政治叛變，就被處死了。可以說，霍光終於獲得了勝利。

在桑弘羊死後，漢朝政府的經濟政策事實上並没有改變，鹽鐵官賣制度照樣施行，均輸平準制度也繼續存在，甚至桑弘羊生前提議在輪台屯田的政策，也在他死後由他的政敵霍光付諸實現。可以這麼說，一直到王莽篡漢爲止，整個西漢的經濟政策都還籠罩在桑弘羊的陰影之下。

爲什麼桑弘羊的經濟政策廢除不了呢？因爲桑弘羊的政策是爲政府吸收各種財政利益，這對統治者而言，是很大的吸引力；卽使是利用「鹽鐵會議」打倒桑弘羊的霍光，在桑弘羊死後，也捨不得放棄爲政府帶來大量利益的鹽鐵制度。

這麼說，賢良文學就有點可憐了，他們不過是一場權力鬬爭的棋子，完全是被利用的一羣。其實也不盡然，賢良和文學未必對自己的處境沒有了解，他們只想利用霍、桑之間的矛盾，借機反映社會的現實，以及老百姓共同的期望。他們在辯論中、不卑不亢，爲廣大苦難的民衆發言，提出改善的政治要求。這種風骨和情操，已經爲中國知識份子在歷史上塑造了不朽的形象。

註釋

㈠ 匡是春秋時代鄭國的一個都市，魯國軍隊曾經攻打鄭國，相傳季桓子的家臣陽虎受命攻打匡，曾經和楊尅這個人一起進入匡城，給匡城老百姓很深刻的印象。後來，孔子路過匡的時候，正好由楊尅駕車，而孔子長得和陽虎很像，匡人以爲他就是曾經侵略他們的陽虎，因而把孔子和弟子們包圍了五天，他的弟子們都嚇壞了。

㈡「履畝」是一種田稅制度，發生的時間相傳是春秋時代魯宣公的時候。魯宣公對老百姓沒有恩德，人民不肯盡力耕種公田；宣公因此在井田制度的公田之外，再從私田課征十分之一的收成。課征的時候，由政府派人到田裡記錄實際收成，所以叫做「履畝」。

㈢因爲稅負太重，就產生詩經裡「碩鼠」這一首詩詩，中第一段的大意是：

大老鼠呀大老鼠
不要再吃我的稻米
三年來我一直忍耐
你却從不體念別人
這次我定要離開你
奔向那安樂的土地
那樂土呀那樂土
才有我安住的地方

把統治者比喻做吃米的大老鼠，對課征重稅的政府提出尖銳的抗議。這都是履畝稅制以後的事。

附錄　原典精選

本議第一

惟始元六年，有詔書使丞相、御史與所舉賢良、文學語。問民間所疾苦。

文學對曰：「竊聞治人之道，防淫佚之原，廣道德之端，抑末利而開仁義，毋示以利，然後教化可興，而風俗可移也。今郡國有鹽鐵、酒榷、均輸，與民爭利。散敦厚之樸，成貪鄙之化。是以百姓就本者寡，趨末者眾。夫文繁則質衰，末盛則本虧。末修則民淫，本修則民愨。民愨則財用足，民侈則飢寒生。願罷鹽鐵、酒榷、均輸，所以進本退末，廣利農業，便也。」

大夫曰：「匈奴背叛不臣，數為寇暴於邊鄙。備之則勞中國之士，不備則侵盜不止。先帝哀邊人之久患，苦為虜所係獲也，故修障塞，飭烽燧，屯戍以備之。邊用度不足，故興鹽鐵，設酒榷，置均輸，蕃貨長財，以佐助邊費。今議者欲罷之，內空府庫之藏，外乏執備之用，使備塞乘城之士，飢寒於邊，將何以贍之？罷之，不便也。」

文學曰：「孔子曰：『有國有家者，不患寡而患不均，不患貧而患不安。』故天子不言多少，諸侯不言利害，大夫不言得喪。畜仁義以風之，廣德行以懷之。是以近者親附而遠者悅服。故善克者不戰，善戰者不師，善師者不陣。修之於廟堂，而折衝還師。王者行仁政，無敵於天下，惡用費哉？」

大夫曰：「匈奴桀黠，擅恣入塞，犯厲中國，殺伐郡縣朔方都尉，甚悖逆不軌，宜誅討之日久矣。陛下垂大惠，哀元元之未贍，不忍暴士大夫於原野，縱然被堅執銳，有北面復匈奴之志，又欲罷鹽鐵、均輸，擾邊用，損武略，無憂邊之心，於其義未便也。」

文學曰：「古者貴以德而賤用兵。孔子曰：『遠人不服，則修文德以來之。既來之，則安之。』今廢道德而任兵革，興師而伐之，屯戍而備之，暴兵露師以支久長，輸轉糧食無已，使邊境之士飢寒於外，百姓勞苦於內。立鹽鐵，始張利官以給之，非長策也。故以罷之爲便也。」

大夫曰：「古之立國家者，開本末之途，通有無之用，市朝以一其求，致士民，聚萬貨，農商工師，各得所欲，交易而退。易曰：『通其變，使民不倦。』故工不出，則農用乖；商不出，則寶貨絕。農用乏，則穀不殖；寶貨絕，則財用匱。故鹽鐵、均輸，所以通委財而調緩急。罷之，不便也。」

文學曰：「夫導民以德，則民歸厚；示民以利，則民俗薄。俗薄則背義而趨利，趨利則百姓交於道而接於市。老子曰：『貧國若有餘。』非多財也，嗜慾衆而民躁也。是以王者崇本退末，以禮義防民，欲實菽粟貨財。市，商不通無用之物，工不作無用之器。故商所以通鬱滯，工所以備器械，非治國之本務也。」

大夫曰：「管子云：『國有沃野之饒而民不足於食者，器械不備也。有山海之貨而民不足於財者，商工不備也。』隴、蜀之丹漆旄羽，荆、揚之皮革骨象，江南之柟梓竹箭，燕、齊之魚鹽旃裘，兗、豫之漆絲絺紵，養生送終之具也，待商而通，待工而成。故聖人作爲舟檝之用，以通川谷，服牛駕馬，以達陵陸；致遠窮深，所以交庶物而便百姓。是以先帝建鐵官以贍農用，開均輸以足民財；鹽鐵、均輸，萬民所戴仰而取給者，罷之，不便也。」

文學曰：「國有沃野之饒而民不足於食者，工商盛而本業荒也。有山海之貨而民不足於財者，不務民用而淫巧衆也。故川源不能實漏巵，山海不能贍溪壑。是以盤庚萃居，舜藏黃金，高帝禁商賈不得仕宦，所以遏貪鄙之俗而醇至誠之風也。排困市井、防塞利門，而民猶爲非也，況上之爲利乎？傳曰：『諸侯好利則大夫鄙，大夫鄙則士貪，士貪則庶人盜。』是開利孔爲民罪梯也。」

大夫曰：「往者郡國諸侯各以其方物貢輸，往來煩雜，物多苦惡，或不償其費。故郡國置輸官以相給運，而便遠方之貢，故曰均輸。開委府于京師，以籠貨物。賤卽買，貴則賣。是以縣官不失實，商賈無所貿利，故曰平準。平準則民不失職，均輸則民齊勞逸。故平準、均輸所以平萬物而便百姓，非開利孔爲民罪梯者也。」

文學曰：「古者之賦稅於民也，因其所工，不求所拙。農人納其獲，女工效其功。今釋其所有，責其所無。百姓賤賣貨物以便上求。間者，郡國或令民作布絮，吏恣留難，與之爲市。吏之所入，非獨齊、阿之縑，蜀、漢之布也，亦民間之所爲耳。行姦賣平，農民重苦，女工再稅，未見輸之均也。縣官猥發，闔門擅市，則萬物並收。萬物並收，則物騰躍。騰躍，則商賈侔利。自市，則吏容姦，豪吏富商積貨儲物以待其急。輕賈姦吏收賤以取其貴，未見準之平也。蓋古之均輸，所以齊勞逸而便貢輸，非以爲利而賈萬物也。」

力耕第二

大夫曰：「王者塞天財，禁關市，執準守時，以輕重御民。豐年歲登，則儲積以備乏絕；凶年惡歲，則行幣物；流有餘而調不足也。昔禹水湯旱，百姓匱乏，或相假以接衣食。禹以歷山之金，湯以莊山之銅，鑄幣以贖其民，而天下稱仁。往者財用不足，戰士或不得祿，而山東被災，齊、趙大飢，賴均輸之畜，倉廩之積，戰士以奉，飢民以賑。故均輸之物、府庫之財，非所以賈萬民而專奉兵師之用，亦故以賑困乏而備水旱之災也。」

文學曰：「古者十一而稅，澤梁以時入而無禁，黎民咸被南畝而不失其所務。三年耕而餘一年之蓄，九年耕有三年之蓄。此禹、湯所以備水旱而安百姓也。草萊不闢，田疇不治，雖擅山海之財，通百末之利，猶不能贍也。是以古者尙力務本而種樹繁，躬耕趣時而衣食足。雖累凶年而人不病也。故衣食者民之本，稼穡者民之務也。二者修，則國富而民安也。詩云：『百室盈止，婦子寧止』也。」

大夫曰：「賢聖治家非一寶，富國非一道。昔管仲以權譎霸，而紀氏以強本亡。使治家養生必於農，則舜不甄陶而伊尹不爲庖。故善爲國者，天下之下我高，天下之輕我重。以末易其本，以虛蕩其實。今山澤之財，均輸之藏，所以御輕重而役諸侯也。汝、漢之金，纖微之貢，所以誘外國而釣胡、羌之寶也。夫中國一端之縵，得匈奴累金之物，而損敵國之用。是以贏驢馲駞，銜尾入塞，驒騱騵馬，盡爲我畜，驒騱狐貉，采旃文罽，充於內府，而璧玉珊瑚琉璃，咸為國之寶。是則外國之物內流，而利不外泄也。異物內流則國用饒，利不外泄則民用給矣。詩曰：『百室盈止，婦子寧止。』」

文學曰：「古者，商通物而不豫，工致牢而不僞。故君子耕稼田魚，其實一也。商則長詐，工則飾罵，內懷闚闞而心不怍，是以薄夫欺而敦夫薄。昔桀女樂充宮室，文繡衣裳，故伊尹高逝遊薄，而女樂終廢其國。今贏驢之用，不中牛馬之功，驒騱旃罽不益錦綈之實。美玉珊瑚出於昆山，珠璣犀象出於桂林，此距漢萬有餘里。計耕桑之功，資財之費，是一物而售百倍其價也，一揖而中萬鍾之粟也。夫上好珍怪，則淫服下流，貴遠方之物，則貨財外充。是以王者不珍無用以節其民，不愛奇貨以富其國。故理民之道，在於節用尚本，分土井田而已。」

大夫曰：「自京師東西南北，歷山川，經郡國，諸殷富大都，無非街衢五通，商賈之所臻，萬物之所殖者。故聖人因天時，智者因地財，上士取諸人，中士勞其刑。長沮、桀溺，無百金之積，蹠蹻之徒，無猗頓之富，宛、周、齊、魯，商徧天下。故乃商賈之富，或累萬金，追利乘羨之所致也。富國何必用本農，足民何必井田也。」

文學曰：「洪水滔天，而有禹之績，河水泛濫，而有宣房之功。商紂暴虐，而有孟津之謀，天下煩擾，而有乘羨之富。夫上古至治，民樸而貴本，安愉而寡求。當此之時，道路罕行，市朝生草。故耕不強者無以充虛，織不強者無以掩形。雖有湊會之要，陶、宛之術，無所施其巧。自古及今，不施而得報，不勞而有功者，未之有也。」

通有第三

大夫曰：「燕之涿、薊，趙之邯鄲，魏之溫、軹，韓之滎陽，齊之臨淄，楚之宛、陳，鄭之陽翟，三川之二周，富冠海內，皆爲天下名都。非有助之耕其野而田其地者也，居五諸之衝，跨街衢之路也。故物豐者民衍，宅近市者家富。富在術數，不在勞身；利在勢居，不在力耕也。」

文學曰：「荆、揚南有桂林之饒，內有江湖之利，左陵陽之金，右蜀漢之材，伐木而樹穀，燔萊而播粟，火耕而水耨，地廣而饒財；然後呰窳偷生，好衣甘食，雖白屋草廬，歌謳鼓琴，日給月單，朝歌暮戚。趙、中山帶大河，纂四通神衢，當天下之蹊，商賈錯於路，諸侯交於道；然民淫好末，侈靡而不務本，田疇不修，男女矜飾，家無斗筲，鳴琴在室。是以楚、趙之民均貧而寡富。宋、衞、韓、梁好本稼穡，編戶齊民，無不家衍人給。故利在自惜，不在勢居街衢；富在儉力趣時，不在歲司羽鳩也。」

大夫曰：「五行，東方木，而丹、章有金銅之山；南方火，而交趾有大海之川；西方金，而蜀隴有名材之林；北方水，而幽都有積沙之地。此天地所以均有無而通萬物也。今吳、越之竹，隋、唐之材，不可勝用，而曹、衞、梁、宋，采棺轉尸；江湖之魚，萊、黃之鮐，不可勝食，而鄒、魯、周、韓，藜藿蔬食。天地之利無不贍，而山海之貨無不富也，然百姓匱乏，財用不足，多寡不調，而天下財不散也。」

文學曰：「古者采椽不斲，茅茨不翦，衣布褐，飯土硎，鑄金爲鉏，埏埴爲器，工不造奇巧，世不寶不可衣食之物，各安其居，樂其俗，甘其食，便其器。是以遠方之物不交，而昆山之玉不至。今世俗壞而競於淫靡，女極纖微，工極技巧，雕素樸而尚珍怪，鑽山石而求金銀，設深淵求珠璣，設機陷求犀象，張網羅求翡翠，求蠻貉之物以眩中國，徙邛、筰之貨致之東海，交萬里之財，曠日費功，無益於用。是以揭夫匹婦，勞罷力屈，而衣食不足也。故王者禁溢利，節漏費。溢利禁則反本，漏費節則民用給。是以生無乏資，死無轉尸也。」

大夫曰：「古者宮室有度，輿服以庸；采椽茅茨，非先王之制也。君子節奢刺儉，儉則固。昔孫叔敖相楚，妻不衣帛，馬不秣粟。孔子曰：『不可，大儉極下。』此蟋蟀所爲作也。管子曰：『不飾宮室，則材木不可勝用，不充庖廚，則禽獸不損其壽。無末利，則本業斯出，無黼黻，則女工不施。』故工商梓匠，邦國之用，器械之備也。自古有之，非獨於此。弦高販牛於周，五羖賃車入秦，公輸子以規矩，歐冶以鎔鑄。語曰：『百工居肆，以致其事。』農商交易，以利本末。山居澤處，蓬蒿墝埆，財物流通，有以均之。是以多者不獨衍，少者不獨饉。若各居其處，食其食，則是橘柚不鬻，胸鹵之鹽不出，旃罽不市，而吳、唐之材不用也。」

文學曰：「孟子云：『不違農時，穀不可勝食。蠶麻以時，布帛不可勝衣也。斧斤以時入，材木不可勝用。田漁以時，魚肉不可勝食。』若則飾宮室，增台榭，梓匠斲巨爲小，以圓爲方，上成雲氣，下成山林，則材木不足用也。男子去本爲末，雕文刻鏤，以象禽獸，窮物究變，則穀不足食也。婦女飾微治細，以成文章，極伎盡巧，則絲布不足衣也。庖宰烹殺胎卵，煎炙齊和，窮極五味，則魚肉不足食也。當今世，非患禽獸不損，材木不勝，患僭侈之無窮也；非患無旃罽橘柚，患無狹廬糠糟也。」

錯幣第四

大夫曰：「交幣通施，民事不及，物有所並也。計本量委，民有飢者，穀有所藏也。智者有百人之功，愚者有不更本之事，人君不調，民有相妨之富也。此其所以或儲百年之餘，或不厭糟糠也。民大富，則不可以祿使也；大彊，則不可以罰威也。非散聚均利者不齊。故人主積其食，守其用，制其有餘，調其不足，禁溢羨，厄利塗，然後百姓可家給人足也。」

文學曰：「古者貴德而賤利，重義而輕財。三王之時，迭盛迭衰。衰則扶之，傾則定之。是以夏忠、殷敬、周文，庠序之教，恭讓之禮，粲然可得而觀也。及其後，禮義弛崩，風俗滅息，故自食祿之君子，違於義而競於財，大小相吞，激轉相傾。此所以或儲百年之餘，或無以充虛蔽形也。古之仕者不穡，田者不漁，抱關擊柝，皆有常秩，不得兼利盡物。如此，則愚智同功，不相傾也。詩云：『彼有遺秉，此有滯穗，伊寡婦之利。』言不盡物也。」

大夫曰：「湯、文繼衰，滿與乘弊。一質一文，非苟易常也。俗弊更法，非務變古也，亦所以救失扶衰也。故教與俗改，弊與世易。夏后以玄貝，周人以紫石，後世或金錢刀布。物極而衰，終始之運也。故山澤無征則君臣同利，刀幣無禁則姦貞並行。夫臣富相侈，下專利則相傾也。」

文學曰：「古者市朝而無刀幣，各以其所有易所無，抱布貿絲而已。後世即有龜貝金錢交施之也，幣數變而民滋僞。夫救僞以質，防失以禮。湯、文繼衰，革法易化，而殷、周道興。漢初乘弊而不改易，畜利變幣，欲以反本，是猶以煎止燔，以火止沸也。上好禮則民闇飾，上好貨則下死利也。」

大夫曰：「文帝之時，縱民得鑄錢、冶鐵、煮鹽。吳王擅鄣海澤，鄧通專西山，山東姦猾咸聚吳國，秦、雍、漢、蜀因鄧氏，吳、鄧錢布天下。故有鑄錢之禁。禁禦之法立而姦僞息，姦僞息則民不期於妄得，而各務其職，不反本何爲？故統一，則民不二也；幣由上，則下不疑也。」

文學曰：「往古幣眾財通而民樂。其後稍去舊幣，更行白金龜龍，民多巧新幣。幣數易而民益疑。於是廢天下諸錢，而專命水衡三官作。吏匠侵利，或不中式，故有薄厚輕重。農人不習，物類比之，信故疑新，不知姦貞。商賈以美貿惡，以半易倍。買則失實，賣則失理，其疑或滋益甚。夫鑄僞金錢以有法，而錢之善惡無增損於故，擇錢則物稽滯，而用人尤被其苦。春秋曰：『算不及蠻夷則不行。』故王者外不鄣海澤以便民用，內不禁刀幣以通民施。」

禁耕第五

大夫曰：「家人有寶器，尙函匣而藏之，況人主之山海乎？夫權利之處，必在深山窮澤之中，非豪民不能通其利。異時鹽鐵未籠，布衣有朐邴，人君有吳王，皆鹽鐵初議也。吳王專山澤之饒，薄賦其民，賑贍窮乏，以成私威。私威積而逆節之心作。夫不蚤絕其源而憂其末，若決呂梁，沛然，其所傷必多矣。太公曰：『一家害百家，百家害諸侯，諸侯害天下，王法禁之。』今放民於權利，罷鹽鐵以資暴彊，遂其貪心，衆邪群聚，私門成黨，則強禦日以不制，而並兼之徒姦形成也。」

文學曰：「民人藏於家，諸侯藏於國，天子藏於海內。故民人以垣墻爲藏閉，天子以四海爲匣匱。天子適諸侯，升自阼階，諸侯納管鍵，執策而聽命，示莫爲主也。是以王者不畜聚，下藏於民，遠浮利，務民之義，義禮立則民化上，若是，雖湯、武生存於世，無所容其慮。工商之事，歐冶之任，何姦之能成？三桓專魯，六卿分晉，不以鹽鐵。故權利深者，不在山海，在朝廷；一家害百家，在蕭墻，而不在胸邪也。」

大夫曰：「山海有禁而民不傾，貴賤有平而民不疑。縣官設衡立準，人從所欲，雖使五尺童子適市，莫之能欺。今罷去之，則豪民擅其用而專其利。決市閭巷，高下在口吻，貴賤無常，端坐而民豪，是以養強抑弱而藏於跖也。彊養弱抑，則齊民消；若眾穢之盛而害五穀。一家害百家不在胸邪，如何也？」

文學曰：「山海者，財用之寶路也。鐵器者，農夫之死士也。死士用則仇讎滅，仇讎滅則田野闢，田野闢而五穀熟。寶路開則百姓贍而民用給，民用給則國富。國富而教之以禮，則行道有讓，而工商不相豫，人懷敦樸以相接而莫相利。夫秦、楚、燕、齊，士力不同，剛柔異勢，巨小之用，居句之宜，黨殊俗易，各有所便。縣官籠而一之，則鐵器失其宜，而農民失其便。器用不便，則農夫罷於壄而草萊不辟。草萊不辟，則民困乏。故鹽冶之處，大傲皆依山川，近鐵炭，其勢力咸遠而作劇。郡中卒踐更者，多不勘責取庸代。縣邑或以戶口賦鐵，而賤平其準。良家以道次發僦運鹽鐵，煩費，百姓病苦之。愚竊見一官之傷千里，未覩其在胸邪也。」

復古第六

大夫曰：「故扇水都尉彭祖寧歸，言鹽鐵令品，令品甚明。卒徒衣食縣官，作鑄鐵器，給用甚衆，無妨於民。而吏或不良，禁令不行，故民煩苦之。令意總一鹽鐵，非獨爲利入也，將以建本抑末，離朋黨，禁淫侈，絕並兼之路也。古者名山大澤不以封，爲下之專利也。山海之利，廣澤之畜，天下之藏也，皆宜屬少府。陛下不私，以屬大司農，以佐助百姓。浮食奇民，好欲擅山海之貨，以致富業，役利細民，故沮事議者衆。鐵器兵刃，天下之大用也，非衆庶所宜事也。往者豪強大家，得管山海之利，采鐵石鼓鑄，煮海爲鹽。一家聚衆或至千餘人，大抵盡收放流人民也，遠去鄉里，棄墳墓，依倚大家。聚深山窮澤之中，成姦僞之業，遂朋黨之權，其輕爲非亦大矣。今者廣進賢之途，練擇守尉，不待去鹽鐵而安民也。」

文學曰：「扇水都尉所言，當時之權，一切之術也，不可以久行而傳世，此非明王所以君國子民之道也。詩云：『哀哉爲猶，匪先民是程，匪大猶是經，維邇言是聽。』此詩人刺不通於王道而善爲權利者。孝武皇帝攘九夷，平百越，師旅數起，糧食不足。故立田官，置錢，入穀射官，救急贍不給。今陛下繼大功之勤，養勞勌之民，此用麋鬻之時。公卿宜思所以安集百姓，致利除害，輔明王以仁義，修潤洪業之道。明王卽位以來，六年于茲，公卿無請減除不急之官，省罷機利之人。人權縣太久，民良望於上。陛下宣聖德，昭明光，令郡國賢良文學之士，乘傳詣公車，議五帝三王之道，六藝之風，册陳安危利害之分，指意粲然。今公卿辨議，未有所定，此所謂守小節而遺大體，抱小利而忘大利者也。」

大夫曰：「宇宙之內，鷰雀不知天地之高也；坎井之鼃，不知江海之大；夫窮否婦，不知國家之慮；負荷之商，不知猗頓之富。先帝計外國之利，料胡、越之兵，兵敵弱而易制，用力少而功大，故因勢變以主四夷，地濱山海以屬長城，北略河外，開路匈奴之鄉，功未卒。蓋文王受命伐崇，作邑于豊，武王繼之，載尸以行，破商擒紂，遂成王業。曹沫棄三北之恥而復侵地，管仲負當世之累而立覇功。故志大者遺小，用權者離俗。有司思師望之計，遂先帝之業，志在絕胡、貉，擒單于，故未遑扣扃之義，而錄拘儒之論。」

文學曰：「鸞雀離巢宇而有鷹隼之憂，坎井之鼃離其居而有蛇鼠之患，況翱翔千仞而游四海乎？其禍必大矣。此李斯之所以折翼，而趙高沒淵也。聞文、武受命，伐不義以安諸侯大夫，然未聞弊諸夏以役夷、狄也。昔秦常舉天下之力以事胡、越，竭天下之財以奉其用，然眾不能畢，而以百萬之師爲一夫之任，此天下共聞也。且數戰則民勞，久師則兵弊，此百姓所疾苦而拘儒之所憂也。」

散不足第廿九

大夫曰：「吾以賢良爲少愈，乃反其幽明，若胡車相隨而鳴。諸生獨不見季夏之螇乎？音聲入耳，秋風至而聲無。者生無易由言，不顧其患，患至而後默，晚矣。」

賢良曰：「孔子讀史記，喟然而嘆，傷正德之廢，君臣之危也。夫賢人君子，以天下爲任者也。任大者思遠，思遠者忘近。誠心閔悼，惻隱加爾，故忠心獨而無累。此詩人所以傷而作，比干、子胥遺身忘禍也。其惡勞人若斯之急，安能默乎？詩云：『憂心如惔，不敢戲談。』孔子栖栖，疾固也。墨子遑遑，閔世也。」

大夫默然。

丞相曰：「願聞散不足。」

賢良曰：「宮室輿馬，衣服器械，喪祭食飲，聲色玩好，人情之所不能已也。故聖人為之制度以防之。間者士大夫務於權利，怠於禮義，故百姓倣傚，頗踰制度。今故陳之，曰：

古者穀物菜果，不時不食，鳥獸魚鼈，不中殺不食。故徼罔不入於澤，雜毛不取。今富者逐驅殲罔罝，掩捕麑鷇，耽湎沈酒，鋪百川。鮮羔䍪，幾胎肩，皮黃口。春鵝秋鶵，多葵溫韭，浚茈蓼蘇，豐薁耳菜，毛果蟲貉。

古者采椽茅茨，陶桴複穴，足禦寒暑，蔽風雨而已。及其後世，采椽不斲，茅茨不翦，無斲削之事，磨礱之功。大夫達棱楹，士穎首，庶人斧成木構而已。今富者井幹增梁，雕文檻楯，堊幔壁飾。

古者衣服不中制，器械不中用，不粥於市。今民間雕琢不中之物，刻畫玩好無用之器。玄黃雜青，五色繡衣，戲弄蒲人雜婦，百獸馬戲鬥虎，唐銻追人，奇蟲胡妲。

古者諸侯不秣馬，天子有命，以車就牧，庶人之乘馬者，足以代其勞而已。故行則服枙，止則就犂。今富者連車列騎，驂貳輜軿。中者微輿短轂，煩尾掌蹄。夫一馬伏櫪，當中家六口之食，亡丁男一人之事。

古者庶人耋老而後衣絲，其餘則麻枲而已，故命曰布衣。及其後，則絲裡枲表，直領無褘，袍合不緣。夫羅紈文繡者，人君后妃之服也。繭紬縑練者，婚姻之嘉飾也。是以文繒薄織，不粥於市。今富者縟繡羅紈，中者素綈冰錦。常民而被后妃之服，褻人而居婚姻之飾。夫紈素之賈倍縑，縑之用倍紈也。

古者椎車無柔，棧輿無植。及其後，木軨不衣，長轂數幅，蒲薦苙蓋，蓋無漆絲之飾。大夫士則單複木具，盤韋柔革。常民漆輿大軨蜀輪。今庶人富者銀黃華左搔，結綏韜杠。中者錯鑣塗采，珥靳飛軨。

古者鹿裘皮冒，蹄足不去。及其後，大夫士狐貉縫腋，羔麑豹袪。庶人則毛絝松彤，樸羝皮傳。今富者鼲鼦，狐白鳧翥，中者罽衣金縷，燕駱代黃。

古者庶人賤騎繩控，革鞮皮廌而已。及其後，革鞍氂成，鐵鑣不飾。今富者輴耳銀鑷韉，黃金琅勒，罽繡弁汗，垂珥胡鮮。中者漆韋紹系，采畫暴乾。

古者汙尊坏飲，蓋無爵觴樽俎。及其後，庶人器用，卽竹柳陶匏而已。唯瑚璉觴豆而後彫文彤漆。今富者銀口黃耳，金罍玉鍾。中者野王紵器，金錯蜀杯。夫一文杯得銅杯十，賈賤而用不殊。箕子之譏，始在天子，今在匹夫。

古者燔黍食稗，而捭豚以相饗。其後，鄉人飲酒，老者重豆，少者立食，一醬一肉，旅飲而已。及其後，賓婚相召，則豆羹白飯，綦膾熟肉。今民間酒食，殽旅重疊，燔炙滿案，臑鼈膾鯉，麑卵鶉鷃橙枸，鮐鱧醢醯，衆物雜味。

古者庶人春夏耕耘，秋冬收藏，昏晨力作，夜以繼日。詩曰：『晝爾于茅，宵爾索綯，亟其乘屋，其始播百穀。』非膢臘不休息，非祭祀無酒肉。今賓昏酒食，接連相因，析酲什半，棄事相隨，慮無乏日。

古者庶人糲食藜藿，非鄉飲酒膢臘祭祀無酒肉。故諸侯無故不殺牛羊，大夫士無故不殺犬豕。今閭巷縣佰，阡伯屠沽，無故烹殺，相聚野外。負粟而往，挈肉而歸。夫一豕之肉，得中年之收，十五斗粟，當丁男半月之食。

古者庶人魚菽之祭，春秋修其祖祠。士一廟，大夫三，以時有事于五祀，蓋無出門之祭。今富者祈名嶽，望山川，椎牛擊鼓，戲倡儛像。中者南居當路，水上雲台，屠羊殺狗，鼓瑟吹笙。貧者雞豕五芳，衞保散臘，傾蓋社場。

古者德行求福，故祭祀而寬。仁義求吉，故卜筮而希。今世俗寬於行而求於鬼，怠於禮而篤於祭，嫚親而貴勢，至妄而信日，聽訑言而幸得，出實物而享虛福。

古者君子夙夜孳孳，思其德；小人晨昏孜孜，思其力。故君子不素飡，小人不空食。世俗飾僞行詐，爲民巫祝，以取釐謝，堅額健舌，或以成業致富，故憚事之人，釋本相學。是以街巷有巫，閭里有祝。

古者無杠樠之寢，牀移之案。及其後世，庶人即采木之杠，葉華之樠。士不斤成，大夫葦莞而已。今富者黼繡帷幄，塗屏錯跗。中者錦綈高張，采畫丹漆。

古者皮毛草蓐，無茵席之加，旃蒻之美。及其後，大夫士復薦草緣，蒲平單莞。庶人即草蓐索經，單藺蘧蒢而已。今富者繡茵翟柔，蒲子露林。中者獚皮代旃，闒坐平莞。

古者不粥飪，不市食。及其後，則有屠沽，沽酒市脯魚鹽而已。今熟食徧列，殽施成市，作業墮怠，食必趣時，楊豚韭卵，狗䐹馬朘，煎魚切肝，羊淹鷄寒，桐馬駱酒，蹇捕胃脯，胹羔豆賜，㲉膹雁羹，自鮑甘瓠，熱粱和炙。

古者土鼓凷枹，擊木拊石，以盡其歡。及其後，卿大夫有管磬，士有琴瑟。往者民間酒會，各以黨俗，彈箏鼓缶而已。無要妙之音，變羽之轉。今富者鍾鼓五樂，歌兒數曹。中者鳴竽調瑟，鄭儛趙謳。

古者瓦棺容尸，木板堲周，足以收形骸，藏髮齒而已。及其後，桐棺不衣，采椁不斲。今富者繡牆題湊。中者梓棺楩椁。賢者畫荒衣袍，繒囊緹橐。

古者明器有形無實，示民不用也。及其後，則有醯醢之藏，桐馬偶人彌祭，其物不備。今厚資多藏，器用如生人。郡國繇吏素桑楺偶車櫓輪，匹夫無貌領，桐人衣紈綈。

古者不封不樹，反虞祭於寢，無壇宇之居。及其後，則封之，庶人之墳半仞，其高可隱。今富者積土成山，列樹成林，臺榭連閣，集觀增樓。中者祠堂屏閤，垣闕罘罳。

古者鄰有喪，舂不相杵，巷不歌謠。孔子食於有喪者之側，未嘗飽也。子於是日哭，則不歌。今俗因人之喪以求酒肉，幸與小坐而責辨，歌舞俳優，連笑伎戲。

古者男女之際尚矣，嫁娶之服，未之以記。及虞、夏之後，蓋表布內絲，骨笄象珥，封君夫人加錦尚褧而已。今富者皮衣朱貉，繁路環珮。中者長裾交褘，璧瑞簪珥。

古者事生盡愛，送死盡哀。故聖人爲制節，非虛加之。今生不能致其愛敬，死以奢侈相高；雖無哀戚之心，而厚葬重幣者則稱以爲孝，顯名立於世，光榮著於俗。故黎民相慕効，至於發屋賣業。

古者夫婦之好，一男一女而成家室之道。及後，士一妾，諸侯有姪娣九女而已。今諸侯百數，卿大夫十數，中者侍御，富者盈室。是以女或曠怨失時，男或放死無匹。

古者凶年不備，豐年補敗，仍舊貫而不改作。今工異變而吏殊心，壞敗成功，以匿厥意。意極乎功業，務存乎面目。積功以市譽，不恤民之急。田野不辟，而飾亭落，邑居丘墟，而高其郭。

古者不以人力徇於禽獸，不奪民財以養狗馬，是以財衍而力有餘。今猛獸奇蟲不可以耕耘，而令當耕耘者養食之。百姓或短褐不完，而犬馬衣文繡。黎民或糠糟不接，而禽獸食粱肉。

古者人君敬事愛下，便民以時，天子以天下爲家，臣妾各以其時供公職，今古之通義也。今縣官多畜奴婢，坐稟衣食，私作產業爲姦利，力作不盡，縣官失實。百姓或無斗筲之儲，官奴累百金；黎民昏晨不釋事，奴婢垂拱遨遊也。

古者親近而疏遠，貴所同而賤非類。不賞無功，不養無用。今蠻、貊無功，縣官居肆，廣屋大第，坐稟衣食。百姓或旦暮不贍，蠻、夷或厭酒肉。黎民泮汗力作，蠻、夷交脛肆踞。

古者庶人鹿菲草芰，縮絲尙韋而已。及其後，則綦下不借，鞔鞮革舃。公富者革中名工，輕靡使容，紈裏紃下，越端縱緣。中者鄧里閒作，蒯苴秦堅。婢妾韋沓絲履，走者茸芰狗官。

古聖人勞躬養神，節欲適情，尊天敬地，履德行仁。是以上天歆焉，永其世而豐其年。故堯秀眉高彩，享國百載。及秦始皇覽怪迂，信禨祥，使盧生求羨門高，徐市等入海求不死之藥。當此之時，燕、齊之士釋鋤耒，爭言神仙方士，於是趣咸陽者以千數，言仙人食金飲珠，然後壽與天地相保。於是數巡狩五嶽，濱海之館，以求神仙蓬萊之屬。數幸之郡縣，富人以貲佐，貧者築道旁。其後小者亡逃，大者藏匿；吏捕索掣頓，不以道理。名宮之旁，廬舍丘落，無生苗立樹；百姓離心，怨思者十有半。書曰：「享多儀，儀不及物曰不享。」故聖人非仁義不載於己，非正道不御於前。是以先帝誅文成、五利等，宣帝建學官，親近忠良，欲以絕怪惡之端，而昭至德之塗也。

宮室奢侈，林木之蠹也。器械雕琢，財用之蠹也。衣服靡麗，布帛之蠹也。狗馬食人之食，五穀之蠹也。口腹從恣，魚肉之蠹也。用費不節，府庫之蠹也。漏積不禁，田野之蠹也。喪祭無度，傷生之蠹也。墮成變故傷功，工商上通傷農。故一杯棬用百人之力，一屏風就萬人之功，其爲害亦多矣！目修於五色，耳營於五音，體極輕薄，口極甘脆。功積於無用，財盡於不急。口腹不可爲多。故國病聚不足卽政怠，人病聚不足則身危。」

丞相曰：「治聚不足奈何？」

救匱第三十

賢良曰：「蓋橈枉者過直，救文者以質。昔者晏子相齊，一狐裘三十載。故民奢，示之以儉，民儉，示之以禮。方今公卿大夫子孫誠能節車輿，適衣服，躬親節儉，率以敦樸。罷園池，損田宅，內無事乎市列，外無事乎山澤，農夫有所施其功，女工有所粥其業；如是，則氣脈和平，無聚不足之病矣。」

大夫曰：「孤子語孝，躄者語杖。貧者語仁，賤者語治。議不在己者易稱，從旁議者易是，其當局則亂。故公孫弘布被，倪寬練袍，衣若僕妾，食若庸夫。淮南逆於內，蠻、夷暴於外，盜賊不爲禁，奢侈不爲節。若疫歲之巫，徒能鼓口耳，何散不足之能治乎？」

賢良曰：「高皇帝之時，蕭、曹爲公，滕、灌之屬爲卿，濟濟然斯則賢矣。文、景之際，建元之始，大臣尙有爭引守正之義。自此之後，多承意從欲，少敢直言面議而正刺，因公而徇私。故武安丞相訟園田，爭曲直人主之前。夫九層之臺一傾，公輸子不能正；本朝一邪，伊、望不能復。故公孫丞相、倪大夫側身行道，分祿以養賢，卑己以下士，功業顯立，日力不足，無行人子產之繼。而葛繹、彭侯之等，隳壞其緒，紕亂其紀，毀其客館議堂以爲馬廄婦舍，無養士之禮，而尙驕矜之色，廉恥陵遲而爭於利矣。故良田廣宅，民無所之。不恥爲利者滿朝市，列田畜者彌郡國。橫暴掣頓，大第巨舍之旁，道路且不通，此固難醫而不可爲工。」

大夫勃然作色，默而不應。

取下第四十一

大夫曰：「不軌之民，困橈公利，而欲擅山澤。從文學、賢良之意，則利歸於下，而縣官無可爲者。上之所行則非之，上之所言則譏之，專欲損上徇下，虧主而適臣，尙安得上下之義，君臣之禮？而何頌聲能作也？」

賢良曰：「古者上取有量，自養有度，樂歲不盜，年饑則肆。用民之力，不過歲三日。籍斂，不過十一。君篤愛，臣盡力，上下交讓，天下平。『浚發爾私』，上讓下也。『遂及我私』，先公職也。孟子曰：『未有仁而遺其親，義而後其君也。』君君臣臣，何爲其無禮義乎？及周之末塗，德惠塞而嗜欲衆，君奢侈而上求多，民困於下，怠於上公，是以有履畝之稅，碩鼠之詩作也。衞靈公當隆冬，興衆穿池。海春諫曰：『天寒，百姓凍餒，願公之罷役也。』公曰：『天寒哉？我何不寒哉？』人之言曰：『安者不能恤危，飽者不能食飢。』故餘粱肉者難爲言隱約，處佚樂者難爲言勤苦。夫高堂邃宇，廣廈洞房者，不知專屋狹廬、上漏下濕者之瘤也。繫馬百駟、貨財充內、儲陳納新者，不知有旦無暮、稱貸者之急也。廣第唐園、良田連比者，不知無運踵之業、竄頭宅者之役也。原馬被山、牛羊滿谷者，不知無孤豚瘠犢者之窶也。高枕談臥、無叫號者，不知憂私責與吏正戚者之愁也。被紈躡韋、搏粱齧肥者，不知短褐之寒、糠粘之苦也。從容房闈之間、垂拱持案食者，不知蹠耒躬耕者之勤也。乘堅驅良、列騎成行者，不知負檐步行者之勞也。匡牀旃席、侍御滿側者，不知負輅輓舩、登高絕流者之難也。衣輕暖、被英裘、處溫室，載安車者，不知乘邊城、飄胡、代、鄉清風者之危寒也。妻子好合、子孫保之者，不知老母之顰顣、匹婦之悲恨也。耳聽五音、目視弄優者，不知蒙流矢、距敵方外之死者也。東嚮伏几、振筆如調文者，不知木索之急、箠楚之痛者也。坐旃茵之上、安圖籍之言若易然，亦不知步涉者之艱也。昔商鞅之任秦也，刑人若刈菅茅，用師若彈丸，從軍旅者暴骨長城，戍漕者輦車相望，生而往，死而旋。彼獨非人子耶？故君子仁以恕，義以度，所好惡與天下共之，所不施不仁者。公劉好貨，居者有積，行者有囊。大王好色，內無怨女，外無曠夫。文王作刑，國無怨獄。武王行師，士樂爲之死，民樂爲之用。若斯，則民何苦而怨，而求而譏？」

公卿愀然，寂若無人。於是遂罷議，止詞。

奏曰：「賢良、文學不明縣官事，猥以鹽鐵爲不便。請且罷郡國榷沽、關內鐵官。」

奏，可。

雜論第六十

客曰：「余覩鹽鐵之義，觀乎公卿、文學、賢良之論，意指殊路，各有所出，或上仁義，或務權利，異哉吾所聞。周、秦粲然，皆有天下而南面焉，然安危長久殊世。始汝南朱子伯爲予言，當此之時，豪俊並進，四方輻湊。賢良茂陵唐生，文學魯萬生之倫六十餘人，咸聚闕庭，舒六藝之諷，論太平之原。智者贊其慮，仁者明其施，勇者見其斷，辯者陳其詞。誾誾焉，侃侃焉，雖未能詳備，斯可略觀矣。然蔽於雲霧，終廢而不行，悲夫！公卿知任武可以辟地，而不知德廣可以附遠；知權利可以廣用，而不知稼穡可以富國也。近者親附，遠者說德，則何爲而不成，何求而不得？不出於斯路，而務畜利長威，豈不謬哉！中山劉子雍言王道，矯當世，復諸正，務在乎反本。直而不徼，切而不燫，斌斌然斯可謂弘博君子矣。九江祝生奮由路之意，推史魚之節，發憤懣，刺譏公卿，介然直而不撓，可謂不畏強禦矣。桑大夫據當世，合時變，推道術，尙權利，辟略小辯，雖非正法，然巨儒宿學，惡然大能自解，可謂博物通士矣。然攝卿相之位，不引準繩，以道化下，放於利末，不師始古。易曰：『焚如棄如。』處非其位，行非其道，果隕其性，以及厥宗。車丞相即周、魯之列，當軸處中，括囊不言，容身而去，彼哉！彼哉！若夫羣丞相御史，不能正議以輔宰相，成同類，長同行，阿意苟合，以說其上。斗筲之人，道諛之徒，何足算哉！」

『中國歷代經典寶庫』《青少年版》出版的話

一個中國古典知識大衆化的構想

◉高上秦

許多討論或研究中國文化的學者，大概都承認一樁事實：中國文化的基調，是傾向於人間的；是關心人生，參與人生，反映人生的。我們的聖賢才智，歷代著述，大多圍繞著一個主題，治亂興廢與世道人心。無論是春秋戰國的諸子哲學，漢魏各家的傳經事業，韓柳歐蘇的道德文章，程朱陸王的心性義理；無論是貴族屈原的憂患獨歎，樵夫惠能的頓悟衆生；無論是先民傳唱的詩歌、戲曲、村里講談的平話、小說……等等種種，隨時都洋溢著那樣强烈的平民性格、鄉土芬芳，以及它那無所不備的人倫大愛；一種對平凡事物的尊敬，對社會家國的情懷，對蒼生萬有的期待，激盪交融，相互輝耀，繽紛燦爛的造成了中國。平易近人、博大久遠的中國。

可是，生爲這一個文化傳承者的現代中國人，對於這樣一個親民愛人、胸懷天下的文明，這樣一個塑造了我們、呵護了我們幾千年的文化母體，可有多少認識？多少理解？又有多少接觸的機會，把握的可能呢？

一般社會大衆暫且不提，就是我們的莘莘學子、讀書人，受了十幾年的現代教育以後，究竟讀過幾部歷代的經典古籍？瞭解幾許先人的經驗智慧？當年林語堂先生就曾感嘆過，現在的大學畢業生，連「中國幾種重要叢書都未曾見過」，遑論其他？

特別是近年以來，升學主義的壓力，耗損了廣大學子的精神、體力；美西文明的風行，導引了智識之士的思慮、習尚；電視、電影和一般大衆媒體的普遍流通，更造成了一個官能文化當道，社會價值浮動的生活形態。美國學者雷文孫所說的當代世界是一個「沒有圍牆的博物館」，固然鮮明了這一現象，但眞正的問題，却在於我們的根性尚未紮穩，就已目迷五色的跌入了傳播學者所批評的「優勢文化」的輻射圈內，失去了自我的特質與創造的能力。

何況，近代的中國還面對了內外雙重的文化焦慮。自內在而言，白話文學運動固然開發了俚語俗言的活力，提升了大衆文學的地位，覺悟到社會羣體的知識參與力，却相對的減損了我們對中國古典知識的傳承力；以往屬於孩童啓蒙的「小學」教育，屬於讀書人必備的「經學」常識，都在新式教育的推動下，變得無比艱澀與隔閡了。自外在而言，五四以來的西化怒潮，不斷開展了對西方經驗的學習，對傳統意識的批判，意興風發的營造了我們的時代感覺與世界精神，爲我們的現代化打下了一定程度的基礎；它也同時疾風迅雨般衝刷著中國備受誤解的文明，削弱了我們的文化認同與歷史根源，使我們在現代化的整體架構上模糊了著力的點，漫漶了精神的面。

將近五十年前，國際聯合會教育考察團曾對我國教育作過一次深入的探訪，在報告書中，一針見血的指出：歐洲力量的來源，經常是透過古代文明的再發現與新認識而而達至；中國的教育也理當如此，才能眞實發揮它的民族性與創造性。

事實上，現代的學術研究，也紛紛肯定了相似的論點。文化人類學所剖示的，每一個文化都有它的殊異性與持續性；知識社會學所探討的，一個文化的强大背景與典範人物，常常是新一代創造者的「支援意識」的能源；而李約瑟更直截了當的說，除了科技以外，其他文化的成果是沒有普遍性的。在這裏，當我們回溯了現代中國的種種內在、外在與現實的條件之餘，中國文化風格的深透再造，中國古典知識的普遍傳承，更成了炎黃子孫無可推卸的天職了。

「中國歷代經典寶庫」青少年版的編輯印行，就是這樣一份反省與辨認的開展。

在中國傳延千古的史實裏，我們也都看到，每當一次改朝換代或重大的社會變遷之餘，都有許多沈潛會通的有心人站出來，顚沛造次，心志不移的汲汲於興滅繼絕的文化整理、傳道解惑的知識普及——孔子的彙編古籍、有敎無類，劉尚的校理衆書、編目提要，鄭玄的博古知今、遍註羣經；乃至於孔穎達的「五經正義」，朱熹的「四書集註」，王心齋的深入民衆、樂學敎育……他們或以個人的力量，或由政府的推動，分別爲中國文化做了修舊起廢、變通傳承的偉大事業。

民國以來，也有過整理國故的呼籲、讀經運動的倡行；商務印書舘更曾經編選印行了相當數量、不同種類的古書今釋語譯。遺憾的是，時代的變動太大，現實的條件也差，少數提倡者的陳義過高，拙於宣導，以及若干出版物的偏於學術界或知識份子的需要；這一切，都使得歷代經典的再生，和它的大衆化，離了題，觸了礁。

當我們著手於這項工作的時候，我們一方面感動於前人的努力，一方面也考慮了當前的需求，從過去疏漏了的若干問題開始，提出了我們這個中國古典知識大衆化的構想與做法。

我們的基本態度是：中國的古典知識，應該而且必須由全民所共享。它們不是知識份子的專利，也不是少數學人的獨寵，我們希望它能進入到大衆的生活裏去，也希望大衆都能參與到這一文化傳承的事業中來；何況，這些歷代相傳的經典，又有那麼多的平民色彩，那麼大的生活意義——說得更澈底些，這類經典，大部份還是平民大衆自身的創造與表現。大家怎麼能眼睜睜的放棄了這一古典寶藏的主權呢？

爲此，我們邀請的每一位編撰人，除了文筆的流暢生動外，同時希望他能擁有古典的與現代的知識，並且是長期居住或成長於國內的專家、學者，對當前現實有一適當的理解與同情。在這基礎上，歷代經典的重新編撰，方始具備了活潑明白、深入淺出、趣味化、生活化的蘊義。

也是爲此，我們首先爲這套書訂定了「青少年版」的名目。我們也曾考慮過一些其他的字眼，譬如「國民版」、「家庭版」等等，研擬再三，我們還是選擇了「

青少年版」。畢竟，這是一種文化紮根的事業，紮根當然是愈早愈好。在最有吸收力、閱讀力的年歲，在最能培養人生情趣和理想的時候，我們的青少年朋友就能與這些清澈的智慧、廣博的經驗爲友，接觸到千古不朽的思考和創造，而我們所謂的「中國古典知識大衆化」，才不會是一句口號。

這也意味了我們對編撰人寫作態度的懇盼，以及我們對社會羣體的邀請。但願透過這樣的方式，讓中國的知識、中國的創作，能夠回流反哺，回到每一個中國家庭裏，使每一位具有國中程度以上的中華子民，都喜愛它、閱讀它。

我們深深明白中國文化的豐美，它的包容與廣大。每一時代，每一情境，都有不同的創作與反省；它們或驚或嘆、或悲或喜，或溫柔敦厚、或鵬飛萬里，雖然形式多端、訴求有異，却絲毫無損於它們的完美與貢獻。這也就確定了我們的選書原則：盡可能的多樣化與典範化。像四庫全書對佛典道藏的排斥，像歷代經籍對戲曲小說的貶抑，甚至多數人都忽略了的中國的科技知識、經濟探討、敎煌遺墨，都是我們所不願也不宜偏漏的。

就這樣，我們在時代意義的需求、歷史價值的肯定、多樣內容的考量下，從廿五萬三千餘册的古籍舊藏裏，歸納綜合，選擇了目前呈現在諸位面前的六十五部經典。這是我們開發中國古典知識能源的第一步，希望不久的將來，我們能繼續跨出第二步、第三步……

我們所以採用「經典」二字爲這六十五部書的結集定名，一方面是——說文解字所解釋的，「經」是一種有條不紊的編織排列；廣韻所說的，「典」是一種法，一種規則。它們的交織運作，正可以系統的演繹了中國文化的風格面貌，給出我們日常行爲的規範，生活的秩序，情感的條理。另一方面——也是採用了章太炎先生的說法：它們是「當代記述較多而常要翻閱的」一些書。我們相信，中國文化的恢宏壯麗，必須在這樣的襟懷中才能有所把握。

與這個信念相表裏，我們在這六十五部經典的編印上，不作分類也不予編號。這套經典對我們是一體同尊的，改寫以後也大都同樣親切可讀，我們企冀於提供的，是一套比較完備的古典知識。無論古代中國七略四部的編目，或現代西方科技分類的正名，都易扭曲了它們的形象，阻礙了可能的欣賞，這就大大違反我們出版這套書的諦旨了。

但在另一重意義上，我們却分別爲舊典賦予了新的書名，用現代的語言烘托原書的精神，增進讀者對它的親和力；當然，這也意味了它是一種新的解釋，是我們以現代的編撰形式和生活現實來再認的古典。

也是在這種實質的，閱讀的要求下，我們不得不對原書有所去取，有所融滙與變通。譬如，原典最大的「資治通鑑」，將近三百卷的皇皇巨著，本身就是一個雄偉的書中帝國，一般大衆實難輕易的一窺堂奧。新版的「帝王的鏡子」做了提玄勾要的梳理，形式也類同袁樞「通鑑紀事本末」的體裁，把它作了故事性的改寫，雖然字數濃縮了，却在不失原典題旨的照顧下，提供了一份非專業的認知。其他的部份經典，也有類似的寫法。這方面，歐美出版界倒有不少可供我們借鑑的例子。遠的不談，就以湯恩比的「歷史研究」來說，前六册出版了未及十年，桑馬威爾就爲它作了濃縮至六分之一的大衆節本，暢銷一時，並曾獲得湯氏本人的大大讚賞。我們的作法雖不必盡同，但精神却是一致的。

再如原書最少的老子「道德經」，這部被美國學者蒲克明肯定爲未來大同世界家喻戶曉的一部書，短短五千言，我們却相對的擴充、闡釋，完成了十來萬字的「生命的大智慧」。又如「左傳」、「史記」、「戰國策」等書，原有若干重疊的記述，經過編撰人的相互研討，各有删節，避免了雷同繁複。……由於歷代經典的繽紛多彩，體裁富麗，筆路萬殊，各編撰人曾有過集體的討論，也有過個別的協調，分別作成了若干不同的體例原則，交互運用，以便充分發皇原典精神，又能照顧現實需要，為廣大讀者打出一把把邁入經典大門的鑰匙。

無論如何，重新編寫後的這套書，畢竟仍是每一位編撰者的心血結晶，知識成果。我們明白，經典的解釋原有各種不同的學說流派，在重新編寫的過程裏，每一位編撰者的參酌採用，個人發揮我都寄寓了最高的尊重。

除了經典的編撰改寫以外，我們同時蒐集了各種有關的文物圖片千餘幀，分別編入各書。在這些「文物選粹」中，也許更容易讓我們一目了然的感知到中國：那樣樸素生動的陶的文化，剛健恢宏的銅的文化，溫潤高潔的玉的文化，細緻優美的瓷的文化；那些刻寫在竹簡、絲帛上的歷史，那些遺落在荒山、野地裏的器物；那些意隨筆動的書法，那文章，那繪畫……正如浩瀚的中國歷代經典一般，那一樣不足以驚天地而泣鬼神？那一樣不是先民們偉大想像與勤懇工作的結晶？看起來，它們是一幅幅獨立存在的作品，一件件各自完整的文物，然而它們每一樣都代表了中國，都煥發出中國文化緜延不盡的特質。它們也和這些經典的作者一樣，是彼此相屬、相生、相成的。

這套書，分別附上了原典或原典精華，不只是强調原典的不可或廢，更在於牽引有心的讀者，循序漸進，自淺而深。但願我們的青少年，在舉一反三、觸類旁通之餘，更能一層層走向原典，去作更高深的研究，締造更豐沛的成果；上下古今，縱橫萬里，爲中國文化傳香火於天下。

是的，我們衷心希望，這套「中國歷代經典寶庫」青少年版的編印，將是一扇現代人開向古典的窗；是一聲歷史投給現代的呼喚；是一種關切與擁抱中國的開始；它也將是一盞盞文化的燈火，在漫漫書海中，照出一條知識的，遠航的路——也許，若干年後，今天這套書的讀者裏，也有人走入這一偉大的文化殿堂，與先聖先賢並肩論道，弦歌不輟，永世長青的開啓著、建構著未來無數個世代的中國心靈！

歷史在期待。

（民國六十九年歲末於臺灣臺北）

附記：雖然，編輯部同仁曾盡了最大的力氣，但我們知道，這套書必然仍有不少缺點，不少無可避免的偏差或遺誤。我們十分樂意各界人士對它的批評、指正，這不僅是未來修訂時的參考，也將是我們下一步出版經典叢書的依據。

【開卷】叢書古典系列

中國歷代經典寶庫 鹽鐵論

編 撰 者—詹宏志
校　　對—詹宏志・魏南太華
董 事 長
發 行 人—孫思照
總 經 理—莫昭平
總 編 輯—林馨琴
出 版 者—時報文化出版企業股份有限公司
10803台北市和平西路三段240號三樓
發行專線—（02）2306-6842
讀者服務專線—0800-231-705・（02）2304-7103
讀者服務傳眞—（02）2304-6858
郵撥—19344724 時報文化出版公司
信箱—台北郵政79～99信箱
時報悅讀網—http://www.readingtimes.com.tw
電子郵件信箱—liter@readingtimes.com.tw

印　　刷— 盈昌印刷股份有限公司
袖珍本50開初版——一九八七年元月十五日
三版十刷——二〇一〇年 十一月 十五日
袖珍本59種65冊
定價新台幣單冊100元・全套6500元

⊙行政院新聞局局版北市業字第八〇號

ISBN 957-13-1705-5

總目錄

袖珍本50開中國歷代經典寶庫59種65冊

總目錄

袖珍本50開中國歷代經典寶庫59種65冊

總目錄

袖珍本50開中國歷代經典寶庫59種65册

XB.發現之旅(外版)

①文字與書寫—思想的符號
②古埃及探秘—尼羅河畔的金字塔世界
③希臘的誕生—燦爛的古典文明
④絲綢之路—東方和西方的交流傳奇
⑤哥倫布—大西洋的海軍元帥
⑥梵谷—磨難中的熱情
⑦貝多芬—完成生命的意志
⑧馬雅古城—湮沒在森林裡的奇蹟
⑨星空—諸神的花園
⑩鯨魚生與死—海上帝王的生命之歌
⑪莫札特—樂神的愛子
⑫羅丹—激情的形體思想家
⑬向極地挑戰——難以抗拒的吸引力
⑭化石——洪荒世界的印記
⑮亞馬遜雨林——人間最後的伊甸園
⑯南太平洋征旅——航海家的冒險樂園
⑰佛洛依德——科學時代的解夢師
⑱創世紀——宇宙的生成
⑲牛頓——天體力學的新紀元
⑳恐龍——失去的侏羅紀王國

XA.中國古典文學賞析精選

平裝本(全套12册，32開，可以分售)

①江南江北(唐詩)
②平林新月(詩選)
③曉風殘月(宋詞)
④春夢秋雲(詞選)
⑤小橋流水(元曲)
⑥沈醉東風(戲曲)
⑦閒情逸致(清明小品)
⑧山水幽情(小品文選)
⑨寒山秋水(王維詩文選)
⑩南山佳氣(陶淵明詩文選)
⑪雪泥鴻爪(蘇東坡詩詞文選)
⑫一竿煙雨(鄭板橋詩詞文選)

NA.時報全語文經典

大史詩20册

①三分之二的神	周　銳著
②再見，特洛伊	洪志明著
③奧迪賽奇航記	張文哲著
④羅摩渡恆河	朋　萱著
⑤一〇五個王子	康逸藍著
⑥格薩爾王傳奇	何群英著
⑦羅蘭之歌	管家琪著
⑧尼伯龍根的寶藏	秦文君著
⑨流浪騎士	陳昇群著
⑩矮靈的傳說	心　岱著
⑪誰在呼喚伊尼斯	連翠茉著
⑫伊戈爾遠征記	夏有志著
⑬阿詩瑪的回聲	夏瑞紅著
⑭西遷之歌	林佩芬著
⑮失樂園	陳月文著
⑯英雄國	秦文君著
⑰列那狐記	管家琪著
⑱帝王之書	張文哲著
⑲圓桌・聖杯・魔法師	周惠玲著
⑳神曲	林錦昌著

國立中央圖書館出版品預行編目資料

鹽鐵論 : 漢代財經大辯論 / 詹志宏編撰. -- 三版. -- 臺北市 : 時報文化, 1995[民84]
面 ; 公分. -- (開卷叢書. 古典系列)(中國歷代經典寶庫)
ISBN 957-13-1705-5(50K平裝)

1. 鹽鐵論 - 通俗作品

122.3 84004635